新潮新書

FUJISAWA Shihoko

学習院女子と皇室

1001

新潮社

はじめに

小室眞子さん（秋篠宮眞子さま）と国際基督教大学（ICU）の同級生、小室圭さんの夫妻の動向は、最初に婚約内定会見をした2017（平成29）年9月から、2021（令和3）年10月の結婚会見を経て、二人が同年11月に米ニューヨークへ移住した後もなお、国民的関心事となっています。これまでの皇室の慶事と趣が異なるのは、必ずしも祝福ムードで包まれていたとは言いづらい点でしょうか。結婚後に海外に渡ったことを含め、異例づくしの皇女の結婚に、違和感を拭いきれない国民が多いからなのでしょう。

何故そのようなことになってしまったのでしょうか。

このことを考える上で、「ノブレス・オブリージュ」（仏 noblesse oblige ＝財産や権力、地位を持つなど、恵まれた境遇を持つ、あるいは身分の高い者が果たす責任と義務を示す、主に欧米社会で浸透する道徳観）についての視点が欠かせないのではないか、と筆者は考えます。あくまで私見ですが、端的にいわせてもらうとするならば、一連の行動に「ノブレス・オブリージュ」が見えにくいと感じる国民が多かったがゆえに、ネガティヴな反応が目立ってしまったのではないでしょうか。

さまざまな憶測を呼んだこの結婚は、眞子さん主導で進んできたことが、２０２１（令和３）年10月の結婚会見で明らかになりました。眞子さんの言葉は実に率直でしたが、あまりこれまでの皇族の方から出てこないタイプの発言だったのは事実でしょう。

圭さんの米国留学は「海外に拠点を作ってほしいと、私がお願いしました」。

義母となる佳代さんの金銭トラブルについては「圭さんが独断で動いたことはありません」「私がお願いした方向で進めて頂きました」――。

つまり多くの人が懸念した「金銭トラブル」への対応は、眞子さんが関与したものだった、という点に驚いた国民は多かったでしょう。

また、この会見で国民の間で湧き起こった議論を「誹謗中傷」と一刀両断したことも、評価の分かれるところでした。週刊誌などの報道の中には、事実ではないものがある、ということですが、具体的な指摘が全くなかったので、結局、何が本当で何が嘘だとおっしゃりたいのかは、わからないままです。

もちろん婚約者、そして妻の立場としては、圭さんが「事実ではない」と主張したのであれば、その言い分を信じたいのは当然です。しかし、それを公言するには、それなりの客観的な根拠が必要になります。「事実ではない」ということを確認するすべは国民の側にはありません。しかし、眞子さんの主張の根拠は不明なままでした。

父親である秋篠宮殿下は、トラブルに「相応の対応」を求め、「多くの人がそのことを納得し喜んでくれる状況」を望んでいました。客観的に見て、いずれも達成できたかには疑問が残りました。秋篠宮殿下が56歳の誕生日を迎えるに当たり、2021（令和3）年11月に会見された中では、眞子さんと圭さんの結婚会見について「私自身は一方向のものではなくて双方向での会見という形にしてほしかったと思います」と話されました。また圭さんについては、「私としては自分の口からそのことについて話をして、そして質問にも答える、そういう機会があった方が良かったと思っております」と話されています。

秋篠宮殿下のご発言は、二人の結婚の私的な側面より、「公」の立場としての責任を踏まえた考えから来るものでしょう。殿下がここまで考えられているのに、なぜ二人は一方的な言い分だけの会見を望み、宮内庁は挙行したのでしょうか。

評価はさまざまでしょうが、一連の眞子さんの言動から、私は女性としての「強さ」「たくましさ」「したたかさ」を感じました。これらは、多感な10代の時期を過ごした学習院女子中・高等科（学習院女子部）で培われた面もあるのではないかと、同じ卒業生である私には思えます。

学習院女子部の卒業生には、眞子さんのように「芯が強く、あるがままの自己を貫き通す」個性派が多いという印象が、筆者やその周辺の卒業生にはあります。恵まれた立場を活用し、ボランティアからビジネスまで、様々な活動をする卒業生が多いのも事実です。

有名ＯＧの筆頭格は故ジョン・レノンの妻でアーティストのオノ・ヨーコさんでしょう。ジョンが平和活動家になり、名曲「イマジン」を作ったこと、その後のニューヨークへの移住も、全てヨーコさんがリードしたことでした。ちなみにヨーコさんは１９７０年代に「女性上位ばんざい」というタイトルのシングル盤を発表したこともあります。

ただ、それでは学習院のＯＢやＯＧたちが今回の眞子さんの結婚に惜しみなく賛辞を贈っていたか、といえば、残念ながらそうとは言えません。2017（平成29）年の婚約発表直後はともかく、その後さまざまな報道を耳にするにつれて、私を含む学習院OB・OGにはずっと複雑な思いがありました。

「国際基督教大学（ICU）に進んでいなければ、こんな騒ぎにはならなかったのに」

「秋篠宮家は何故こんなにも学習院を避けるのか」

そんな気持ちでしょうか。近代から現代における皇族方は、ほとんど学習院に進学していますが、秋篠宮家は様子が異なります。ご夫妻はともに幼稚園、あるいは初等科から大学まで学習院ですが、眞子さん、佳子さまが幼稚園から女子高等科まで通ったものの、大学ではICUに進学、悠仁さまに至っては幼稚園から中学までお茶の水女子大附属で、同校の提携校進学制度を活用し、2022（令和4）年4月に筑波大附属高校に進学されました。

眞子さん、佳子さまのICU進学は、多くの生徒に門戸が開かれているAO入試に挑戦された上での入学です（佳子さまの場合、いったん入学した学習院大学を退学した上での再挑戦でしたが）。悠仁さまの筑波大附属高校への進学で適用された制度も、同じように、一般生徒にも広く門戸を開いているのであれば、多くの国民に支持されたことでしょう。ですがそうした実績が見えづらい点が、やや物議を醸してもいます。悠仁さまは、再び推薦制度を活用し、東京大学への進学を希望されている、との憶測も出ています。

もちろん結婚同様、何処に進学するかは当人の自由です。

ただ学習院は、元は皇族に仕える華族のために設立された学校という歴史的経緯があります。現在は幼稚園から大学院までを擁する総合学園で、「桜友会」という横断的な同窓会組織を持ち、徽章は「桜」です。また学習院女子部は、明治時代に設立された「華族女学校」をルーツとし、独自の同窓会組織「常磐会」と徽章「八重桜」を持っています。かつては「良妻賢母」教育を方針としてきましたが、これは上流婦人としての「教養と品格」を身に付けることを意味しています。決して家事育児に長けるための教育ではなかったところが、他の女学校とは異なる点かもしれません。

その文化と伝統は、現代の目で見た場合には、奇異に映る点もあるでしょう。日々の挨拶は「ごきげんよう」、歴代の皇后から下賜された「御歌」を古典の授業で学び、日常的に唱和する女子校は、他にあるはずもなく、由緒正しい「日本一のスーパーお嬢様学校」といえます。男性目線を気にすることなく、女子だけの環境でリーダーシップが養われます。

歴史をさかのぼれば、戦前の学習院には、皇室を支える、つまり国を支える華族の子女を育てる狙いがあり、そこには「ノブレス・オブリージュ」の精神がありました。皇族・華族を始め「恵まれた境遇の者が、自己の利益を優先することなく、社会に貢献する」という精神は、男子のみならず、女子も心にとめなければいけないこととされてきました。

ですが、かつて学習院の根幹を成したはずの「皇室ブランド」も、戦後から時代が流れるにつれて薄れていき、秋篠宮家の「学習院離れ」に見られるように変化してきています。実際は秋篠宮家のように、学習院では、付属から通った生徒が内部進学をせず、途中で他校へ出るケースが年々、増え続けています。その理由は何なのか。学習院の教育とは、すでに時代遅れとなっているのでしょうか。

本書では皇族、華族を対象とした「上流階級」教育のルーツと変遷、現代社会における「ノブレス・オブリージュ」の意義を、学習院女子を中心に見ていくこととします。

筆者は曾祖父、祖母、母と数えて四代目の学習院卒業生であることから、幸いなことにOBやOGの友人、知人が多く、また以前から同窓会会誌などを目にする機会も多くありました。堅苦しい歴史の話だけではなく、できるだけ関係者の生の声や素顔をご紹介することもできればと思っています。

本書を通じて皇族・華族のために設立されたという特殊な経緯を持つ学習院の魅力が広く知られることを期待します。

（本文中の引用については原文を一部、漢字を常用漢字に変更したり現代仮名遣いにしたりするなど、読みやすく修正しています）

学習院女子と皇室　目次

第1章　昭和天皇と小室眞子さん——皇室の結婚

「お妃選び」に意志を貫かれた昭和天皇

戦後は男性皇族が「お妃選び」で思いを遂げられたケースが続きました。上皇陛下と上皇后美智子さま、天皇陛下と皇后雅子さま、秋篠宮殿下と紀子さまなどです。伝統的に旧皇族、旧華族、もしくは裕福な家庭の子女がリストアップされた「お妃選び」でありながらも、各々の時代において画期的な点があり、国民は新時代の期待感と皇室への親近感を抱きました。美智子さまは聖心女子大出身で実業家の子女である平民、雅子さまはハーバード大卒、東大中退で外交官のキャリア女性、紀子さまは学習院出身ですが、秋篠宮さまとの「キャンパスの恋」の婚約発表は昭和天皇の喪中の時期でした。

こうした「新しい風」を眞子さんも肌で感じていたことでしょう。ただ、歴史的に小室さん夫妻と似た点が多いのが、昭和天皇と香淳皇后の結婚です。

というのも大正時代、皇太子だった昭和天皇と、久邇宮良子《くにのみやながこ》女王だった香淳皇后の結婚は、婚約が内定した後に周囲からさまざまな横やりが入り、強い反対を受けたのです。そのため正式決定まで紆余曲折があったのですが、昭和天皇は自らの意志を通して、香淳皇后を妃とし、生涯、仲睦まじく暮らしました。

曾孫である眞子さんがこのことを参考にした可能性はありそうです。日本政治思想史を研究し、『大正天皇』『皇后考』などの著作がある放送大学の原武史教授も、眞子さんと小室圭さんの結婚の経緯が、昭和天皇のご成婚と似ている、との見方を示します。お妃選びには、こんな経緯がありました。

宮中の重大事件

皇太子（昭和天皇）の結婚相手は1918（大正7）年、15歳だった良子女王に内定したものの、実の母である俔子《ちかこ》妃の実家の島津家に色覚異常の遺伝があるとの調査がでて、白紙撤回を働きかける勢力が出てきました。これが、いわゆる「宮中某重大事件」と呼ばれるものです。婚約の白紙撤回を求めたのは、元老の山縣有朋ら。彼らが久邇宮家に自主的な辞退を迫りました。長州藩出身の大物である山縣と、薩摩の島津家をめぐる、薩長の藩閥争いが背景にあったとの見方が有力で、さらに皇太子が1921（大正10）年3～9月に半年にわたって計画された英国など欧州外遊への反対運動も絡み、宮中から政界を巻き込む大騒動になりました。

結局は、皇太子の意向、皇太子と良子女王に倫理を教えていた思想家の杉浦重剛《しげたけ》の意見もあって婚約は維持され、1921（大正10）年2月には当時の宮内省が、「御婚儀御変更なし」とした上で、騒動の責任を取って中村雄次郎宮内大臣が辞職すると発表するに至ります。

昭和天皇ご結婚後初めての記念写真

原教授はこう語ります。

「皇太子は周囲の反対をものともせず『良子でよい』と結婚に至り、新婚旅行先となった猪苗代湖畔では甘い日々を過ごした。眞子さんはその経緯を『昭和天皇実録』などの書物を読んで知った可能性もあり、『一途に進めば必ず幸せになれる』と信じているのではないか」

久邇宮邦彦王の「暗躍」

良子女王は学習院女学部（当時の名称）に通う、容姿端麗、頭脳明晰な女学生でした。皇太子の実母である貞明皇后が、教室での様子を見学し、真摯な立ち居振る舞いに感銘を受け、皇太子妃に決めたとされます。人柄には何の問題もなく、皇太子も気に入っていたからこその「良子でよい」という発言だったのでしょう。ただ、「重大事件」の影響か、結納にあたる「納采の儀」がなかなか決まりませんでした。

問題は良子女王本人ではなく、その実父、久邇宮邦彦《くによし》王にあったとされています。貞明皇后や、当時の原敬首相が邦彦王の、ともすれば強引ともみえる振る舞いに懐疑的で、難色を示したのです。この事情を知った邦彦王が焦り、皇太子や大正天皇、貞明皇后に何度も拝謁を求めたものの、拒否されたなど、一連の経緯は、日本近現代史を専門とする浅見雅男氏の『闘う皇族』（角川文庫、2021）に詳しく書かれています。

同書では、昭和天皇の側近で当時、宮内大臣だった牧野伸顕や、首相だった原敬の日記を引用しながら、次のようなことがあったと解説しています。邦彦王が「『皇太子が洋行する前に拝謁（対顔）したい』と願い出た」「これが貞明皇后を怒らせた」「良子女王の（筆者注：大正）天皇への拝謁も願い出、やはり皇后に拒否された」。また夏の間、日光の御用邸に滞在していた天皇・皇后に、邦彦王が自分たち夫婦と良子女王の拝謁を希望し、牧野がたしなめた等、かなり「前のめり」になっていた様子がうかがえます。「邦彦王は皇太子の未来の舅でもなんでもなく、皇族の一人にすぎない。特に対顔したいと希望するのは僭越であった」が、「宮中や政府上層部では、依然として皇太子婚約は確定したわけではないという意見が根強かった」と分析しています。

要するに邦彦王が舞い上がって、ぐいぐい皇室との距離を縮めようとしたことに対して、強い反発があったということでしょうか。

久邇宮邦彦王

そもそも未来の国家元首となる皇太子の結婚です。そこには様々な権力闘争も絡み、邦彦王は、様々に暗躍した形跡がありました。貞明皇后や原首相は、病弱な大正天皇により宮中の求心力が衰えている状況下で、邦彦王が「未来の天皇の舅」として権力をふるいかねないことを恐れていたようです。

ですが原首相は１９２１（大正10）年11月に東京駅で暗殺されてしまいます。皇太子は同年11月に摂政となり、翌１９２２（大正11）年２月には山縣有朋が死去。その後、皇太子は良子女王を妃とする前提で宮内大臣の牧野伸顕と具体的な相談に入ります。

結局「納采の儀」は１９２２（大正11）年９月28日に行われ、「結婚の儀」が翌年の１９２３（大正12）年秋と決まります。ですが同年９月１日に関東大震災が発生し、皇太子の意向で延期。「結婚の儀」は、翌１９２４（大正13）年１月26日に行われました。

「天皇の舅」と「未来の天皇の親戚」

久邇宮邦彦王が「未来の天皇の舅」となることへの警戒感は、良子女王の「結婚の儀」の直後に表面化します。１９２４（大正13）年２月、良子女王の兄、久邇宮朝融《あさあきら》王と酒井伯爵家の令嬢、菊子との間で内定していた婚約の解消を、久邇宮家の使者が牧野伸顕に伝えました。当時の皇族の結婚は天皇の許可を得た上で、宮内省から正式発表されるのが常でした。そこまで公になっていた縁談を「どうしても破談にしたい」というのです。これは、当時としては極めて異例、かつ失礼な申し出です。いったい何があったのでしょうか。

朝融王と菊子の婚約は1918（大正7）年1月に宮内省が発表しました。きっかけは朝融王が、学習院女学部に通う菊子を通学途中に見初めたことでした。妹の良子女王を介して菊子に恋文を渡し、返事を催促したなど、朝融王がかなり積極的だった様子が、菊子の長女で、後にマナー評論家として活躍した酒井美意子の手記『ある華族の昭和史』（主婦と生活社、1982）に綴られています。

破談について酒井は、伯爵家から宮家の妃に選ばれることが当時は異例で、他の宮家や、上級華族である公爵、侯爵家などから妬まれたこと、「宮中某重大事件」における「薩長争い」などの影響があったと推測しています。久邇宮家は、朝融王と良子の母である俔子妃が、薩摩藩主だった島津忠義公爵の娘にあたります。

「山県公はいうまでもなく長州派の大ボスだから、薩摩の血を引く良子女王を退けたい気もあった」「『将来、朝融王の妃殿下は天皇（裕仁親王）と皇后（良子女王）の義姉になられるわけで、そのためには皇族の姫でなければ釣り合いがとれない』と言いたてる皇族とその取り巻き連中が邦彦王を責めたてた」（『ある華族の昭和史』）

そして1924（大正13）年の暮れ、宮内大臣の牧野伸顕の命を受けた徳川頼倫《よりみち》侯爵が酒井家を訪ね、「酒井家の都合で」辞退をしてほしいと申し入れます。怒った当主の酒井忠正伯爵は徳川侯爵を追い返しました。「新聞は一斉に書きたてる」「国民は口々に久邇宮家の横暴ぶりを非難し、菊子の許《もと》には同情と激励の手紙が山と積まれた」（同）。

結局、朝融王は翌1925（大正14）年1月に、皇族の伏見宮知子女王と結婚しました。こうした久邇宮家のドタバタにあきれた貞明皇后は、昭和天皇の弟宮の三笠宮らのお相手選びには、細心の注意を払ったとされています。ちなみに菊子は、同じ1925（大正14）年2月に、先妻を亡くした前田利為《としなり》侯爵に嫁ぎ、娘の美意子が生まれています。

その後、前田利為は戦死、知子妃も病没して、ともに配偶者を失った朝融王と前田菊子を再婚させようという動きが戦後にあったことを酒井美意子は同書の中で触れていますが、実現はしませんでした。

騒動の中心人物ともいえる邦彦王は陸軍大将をつとめ、1929（昭和4）年に55歳で死去しました。孫の久邇邦昭氏の回想『少年皇族の見た戦争』（PHP研究所、2015）によると、「剛腕」「策略家」といったイメージとは異なる姿が浮かび上がります。邦彦王は日露戦争に従軍し、米国や欧州の長期視察などにも出かけて世界情勢に精通した軍人でした。

「邦彦王は有能なので、社会や組織、また国の権力機構の裏にある深い問題点を洞察する力を持っていた。そして場合によっては、それに対処するために動き得る胆力を持っていた」「関東大震災のとき、逃げまどう人々を『入れてやれ、入れてやれ』と言って（筆者注：屋敷の）庭園に入れさせ、難を逃れさせた」。太平洋戦争で戦局が泥沼化した経緯も、「その常識ある情勢判断から、この方が生きておられたら陸軍を抑えることが出来たのではないか、という話を数人の元陸軍軍人の方からきいた」（『少年皇族の見た戦争』）。

邦昭氏から見た祖父、邦彦王の素顔は、とても人間味にあふれています。いっぽう父の朝融王については「父は女性関係がだらしなかったということらしい」「無類に人がよくて、美青年であってもてたのであろうが、もてたとなると嬉しくてすぐ人にしゃべってしまうことがよくあったようだ」（同）。皇族といえども普通の人間、ということでしょうか。

邦彦王は「未来の天皇の舅」でしたが、小室圭さんは悠仁さま、つまり「未来の天皇の義兄」、母親の佳代さんは、眞子さんの姑であり、未来の天皇の縁戚となります。眞子さんが生涯の伴侶と信じた圭さん、そして佳代さんの素顔は、本当のところは分かりません。ですが、皇族の縁戚として相応の魅力があってほしい、と願うのはいつの世も国民の一致した願いではないでしょうか。

宮内庁のマネジメント力の欠如

筆者は、小室圭さんや、その母である佳代さんに関するさまざまなトラブルやスキャンダルの真偽を判断することはできません。ただ、これまで皇族と結婚する相手では、少なくとも結婚以前からこのような報道がなされ、過熱することがほとんど見られなかったことも、また事実でしょう。

これはマスメディア側の「皇室タブー」といった意識が希薄になったからなのか、それともSNS時代になったことが関係しているのか。あるいは単に小室家特有の問題なのか。

少なくともかつての宮内省、そして現在の宮内庁とも、皇族の結婚相手については男女を問わず、「身辺調査」を綿密に行ってきたはずでした。男性皇族と結婚して皇室に入る一般女性はもとより、降嫁して一般人となる女性皇族でも将来、配偶者ともども皇室を陰で支える人材となるからです。

ですが、小室さんのケースで秋篠宮殿下は「事前に、宮内庁には調査を依頼しなかった。しかし、宮内庁と関係がある人物には相談していた。週刊誌報道で伝えられているような内容はやはり把握できなかった」「基本的には、事後承諾だったという」（『秋篠宮』江森敬治、小学館、２０２２）ことのようです。同書の中で筆者の江森氏は、秋篠宮殿下の「個人情報がいろいろとうるさい時代なので、家庭状況などを調査すること自体に問題があります」というお話を引用しています。

娘を信頼し、選んだ相手を尊重した父親の愛情が垣間見えます。民間人となる娘に普通の生活を送ってほしいとの意向だったのでしょう。江森氏は、秋篠宮殿下の結婚では、男性皇族のご結婚などに際して開かれる「皇室会議の関係もあり紀子妃殿下の身元調査をされたと聞いております」（同）と、調査があったことを前提に秋篠宮殿下に質問しています。紀子さまの父は当時、学習院大学経済学部教授だった川嶋辰彦氏で、ある程度は気心の知れた家庭です。

しかし一般家庭であっても、結婚に際しての身上調査は珍しいことではありません。そう考えると、もう少し事前の調査や準備があっても良かったのかもしれません。その結果、何も結婚を止める必要はないでしょう。婚約発表の前に分かっていれば、もっといろいろな事前の対応ができたのではないか、ということです。

重ねて言えば、現代の皇室に、世間の動向をみながら、物事を俯瞰的に見ていた貞明皇后のような「重鎮」も、またトラブルの火消しに奔走したかつての宮内大臣、牧野伸顕のような人材もいない、ということなのかもしれません。秋篠宮家と親交の深い江森氏も、『秋篠宮』の中で「秋篠宮家には、宮内庁を交えたリスクマネジメントが必要だったと考える」「信頼の厚い側近がいればよかったのかもしれない。秋篠宮夫妻の意を汲んで、相手の家族と交渉や調整をし、うまい落としどころを早くに探し出す。情報管理も徹底させる」「そうした側近は、現状では見当たらない」と問題提起をしています。

宮内庁の「マネジメント力の欠如」は指摘されてしかるべきでしょう。2023（令和5）年時点における長官、西村泰彦氏は、警視総監も務めた警察官僚です。宮内庁には総務省、警察庁などから優秀な官僚たちが派遣されます。おそらく首相や官邸サイドとも連携しながら対応しているはずなのですが、それにしては杜撰さが目立ちます。

結婚会見の問題

小室圭さんと眞子さんの結婚会見は2021（令和3）年10月に行われましたが、ここでもマネジメント力の欠如が露呈しました。当初想定された質疑応答が前日の遅い時間にキャンセルされ、冒頭で文章を読み上げ、記者会からの質問には文書で回答される形となったのです。

結婚記者会見での小室圭さん・眞子さん夫妻

皇族の会見は通常、新聞やテレビなどの大手メディアが加盟する宮内庁詰めの記者クラブ（宮内記者会）が主催し、所属する担当記者のみが参加でき、事前に質問案を提出します。実際の運び は各皇族方に委ねられている部分もあり、秋篠宮殿下の場合、質問案以外の質疑応答にも気さくに応えられているといいます。

眞子さんの会見はこのとき、宮内記者会に加えて、雑誌を発行する出版社が加盟する日本雑誌協会と、日本で取材活動をする海外メディアの記者が加盟する日本外国特派員協会の、それぞれの記者が招かれていました。国民的関心事となり、海外でも関心が高まっていた二人の結婚報道への対応としては、極めて異例ながら妥当な判断だったと言えるでしょう。記者会見とは、冒頭説明の後の質疑応答が実は「メインイベント」で、記者たちは質問内容を吟味して当たるのが常です。ですが質疑応答はキャンセルに。これは記者団が事前に出した「金銭トラブル」「皇室利用」に触れた代表質問に、眞子さんが「恐怖心」を覚えたことが理由とされています。

筆者は元新聞記者として30年近くにわたり、国内外のさまざまな記者会見に出席し、その後、広報や危機管理の仕事にも携わってきました。その経験をもとにして言えば、信じられないほど杜撰な運びです。一般論として、一方的に言いたいことだけ言って短時間で去る、という会見はありえません。物事の本質から逃げる、都合の悪いことを隠す、誠意が見えない、という印象を与えかねないからです。

日本雑誌協会を入れるという判断を宮内庁がした段階で、こうした質問が出るのは想定の範囲内だったはずです。眞子さんは一連の報道を「誹謗中傷」と感じ、その影響で複雑性PTSDと診断された経緯がありました。でも、それにも拘わらず、会見をするという判断をされた以上、もう少し上手な対応はできなかったのだろうかと思います。

それができないのなら最初から会見など予定せず、全て文書で回答し、お二人のツーショット写真を配信した方が、まだ誠意が伝わったことでしょう。決して若く社会経験の浅いご夫妻を責めたいわけではありません。そうしたノウハウや国民感情を、眞子さんや圭さんに伝える人がいなかったということは残念です。

宮内庁は一連の報道対応の反省を踏まえ「情報発信方法の研究を始めた」（産経ニュース、２０２１年12月30日付）とも伝えられ、２０２３（令和５）年度からは広報室を新設しＳＮＳによる情報発信を始める計画もあるようです。英国王室の情報発信を見習ったものと推測できます。皇族方に関する情報発信を増やすのは、国民との相互理解においてプラスになることでしょう。ですが、多方面における調整機能も、宮内庁には果たしてほしいものです。

昭和天皇の「甘い新婚生活」

もう少しだけ昭和天皇との類似性に触れてみましょう。

２０２１（令和３）年11月に渡米し、ニューヨークで新婚生活を送る小室さん夫妻の様子は、報道自粛が要請されている国内メディアではなく、海外メディアを中心に相次いで紹介されています。二人で街をそぞろ歩きしたり、ラーメン店に行ったり、眞子さんが単独で元駐日大使のキャロライン・ケネディ氏のアパートを訪ねたらしいことも紹介されました。

この二人の様子は、ほぼ100年前の昭和天皇と香淳皇后、当時の皇太子夫妻の新婚生活と重なります。1924（大正13）年1月に結婚、同年8月には猪苗代湖畔にあった高松宮別邸に二人でほぼ1カ月滞在しています。事実上の新婚旅行でしたが、今日の目で見れば意外なほど長い期間と言えるでしょう。

『昭和天皇実録　第四』（宮内庁編修、東京書籍、2015）によると、夕食後に二人でモーターボートに乗って月を見たり、良子妃が景色の写真を撮ったり、昭和天皇自身が手綱をとって良子妃と馬車で散策したり、ゴルフコースを回ったりテニスをしたりと「二人だけの時間」を楽しんでいます。

「夜にモーターボートで湖上に乗り出すなんて、考えようによっては危険をともないます。そんなことなど関係ないくらい、たいへんに甘い新婚生活を過ごしたことが、『実録』の記述から浮かび上がってきます」と前出の原武史教授は著書『「昭和天皇実録」を読む』（岩波新書、2015）で分析しています。

東京から遠く離れた土地での甘い新婚生活――。これもまた眞子さんが夢見たものだったのかもしれません。

「ボンボニエール」と「菊栄親睦会」

皇族方のご結婚には、歴史や文化を紡ぐという性格もあります。その一例となるのが「ボンボニエール」で、学習院大学史料館が所蔵、研究しています。それによると「ボンボニエール」（仏語：Bonbonnière）は金平糖などの菓子を入れる小箱で、皇室の慶事の際に贈り物や引き出物として使われます。フランスやイタリアで、結婚や子供の誕生などのお祝いに金平糖など砂糖菓子を入れて贈る習慣があったことを参考にしており、明治時代中期に日本に伝わりました。日本の繊細な職人技術の伝統を海外にも伝える小さな工芸品として独自の発展を遂げていきます。手のひらサイズのミニチュア感が魅力でもあり、皇室のみならず華族や企業、一般家庭にまで広がりました。

皇室でのボンボニエールの誕生は１８８９（明治22）年２月の大日本帝国憲法発布式で、宮殿で開かれた饗宴の際、菊の紋章が入った銀製のボンボニエールが１４００個、用意されました。１８９４（明治27）年の明治天皇・昭憲皇太后の銀婚式では、鶴や亀が刻まれたものなど複数の銀のボンボニエールが饗宴で１８００人余りに下賜されています。

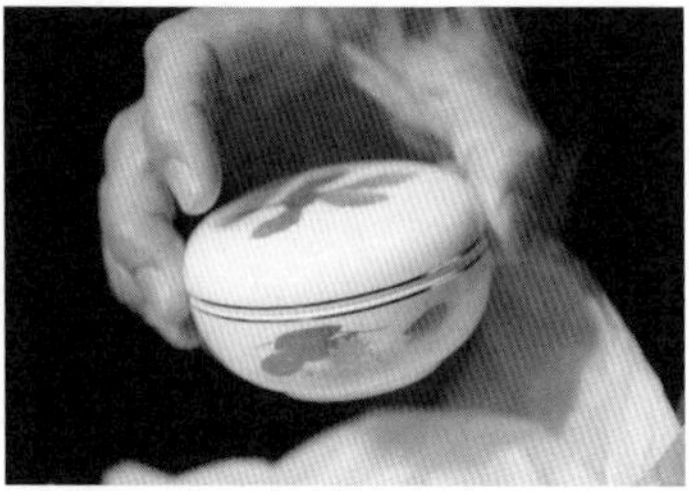
紀宮さまご結婚時のボンボニエール

１９２２（大正11）年に当時の英国皇太子エドワード（後に退位するエドワード8世、エリザベス2世の伯父にあたる）が来日した際の宮中晩さん会では、菊の紋章入りの印籠型のボンボニエールが席上で配られ、国際親善にも役立てられました。

ボンボニエールが広く知られるようになったのは、秩父宮妃勢津子の著書『銀のボンボニエール』（講談社＋α文庫、１９９４）からです。皇室では、皇族方が身のまわりの品につけるシンボルマーク「お印」をつけるデザインが主流です。外交官の松平恆雄《つねお》を父に持ち、米国で学んだ勢津子妃が、英国に留学した秩父宮雍仁《やすひと》親王との結婚の際、貞明皇后から、皇后が自らデザインした銀のボンボニエールを贈られたことを綴っています。

全長6センチ位の鼓の形で「締めひもとも呼ばれる調緒《しらべお》はローズピンク、胴の部分には宮さまのお印の若松の模様と星の模様が、小さく幾つも浮き彫りにされております。ローズ色は英国の国の色であり、星は星条旗、つまり米国を意味しているのです」「それぞれご縁のある英国と米国との親善に一生努めるようにという」「非常に深いおぼしめしが込められているのでした」（『銀のボンボニエール』）。

東京・目白にある学習院大学の史料館展示室では、ボンボニエールの企画展を2021（令和3）年後半に開きました。史料館の所蔵品に加え、旧宮家から貸し出された個人蔵のボンボニエールが並び、戦争中は陶器や、木製のものもあるなど、制作された時代を映しだすような品々でした。

結婚の慶事では、紀宮清子《のりのみやさやこ》さま（黒田清子さん）と黒田慶樹さんが2005（平成17）年11月に帝国ホテルで結婚式を挙げた際、黒田家の家紋「柏」と清子さまのお印「未草《ひつじぐさ》」をあしらった陶磁器製のボンボニエールが配られました。

おそらく眞子さんと圭さんの結婚でも、眞子さんのお印の「木香茨《もっこうばら》」と、小室家の家紋とをあわせたボンボニエールが制作されてもおかしくはなかったでしょう。ですが話は聞こえてきません。これは皇室文化の継承という観点からも、大変残念なことでしょう。

ボンボニエールを貸し出した旧宮家の皆様は「菊栄親睦会」といわれる組織に所属されています。戦後に皇籍を離脱した旧皇族がメンバーで、リーダー格は香淳皇后の甥にあたる久邇邦昭氏と見る向きもあります。旧皇族とその配偶者が正会員となっており、皇籍を離れても、天皇家と皇室を支え続けるという役割が期待されています。元皇族と、結婚して皇室を離れた女性、その配偶者は正会員で、その家族や親族も準会員として扱われることがある、とさる旧宮家の出身者は話します。黒田清子さんと慶樹さんはもちろん正会員です。

例えばメンバーは、皇族のご結婚はもとより、天皇陛下のお誕生日をお祝いする宮中のお茶会などに招かれるなど親交は深く、ある旧宮家の一員に聞くと、雅子さまの実母の小和田優美子さん、紀子さまの実母の川嶋和代さんも準会員として招かれることがあり、冠婚葬祭や時候の挨拶など、日常的なお手紙のやり取りもされているそうです。

さて、規定に沿えば、眞子さんと圭さんも正会員、圭さんの母の佳代さんは準会員ということになります。ただ結婚会見での眞子さんの「一人の人として、皇室の方々のお幸せをお祈りしたい」という発言は、ともすれば皇室と一定の距離を置いた民間人としての決意を述べたようにもとれます。在米国では、菊栄親睦会の活動に参加することは物理的に難しいこともあるかもしれません。

では日本にいる佳代さんはどうでしょう。宮中のお茶会に仮に招かれた場合、出席されるのか。ある旧宮家のメンバーは「仮に来られたとしても、お話が合わないのではないか」とやんわりと拒否感を示します。

最初に眞子さんと圭さんの婚約が内定し、帝国ホテルでの挙式が予定された際、菊栄親睦会の皆さんは心からお祝いし、披露宴の出席を楽しみにされていたと聞きます。でも、その後の騒動にはがっかりされている向きが多いようです。秋篠宮家に対する批判も、表立ってはおっしゃいませんが、内輪ではさまざまなお話が出ているようです。小室家と菊栄親睦会の関係性は、整理が必要となるのでしょう。

トリビア① 歴代皇后陛下の御歌

学習院女子部では、歴代皇后から下賜された「御歌」が今も歌い継がれています。入学して最初に学ぶのは、古文の授業で御歌の意味、音楽の授業では歌い方です。10代で覚えた歌は不思議と「大人になった今も歌える」という卒業生は多く、その教えは心の糧ともなっています。「息子の教育に活用した」という卒業生もいます。
最も古く、かつ女子部生の「心の糧」となっている御歌は、昭憲皇太后（明治天皇の后）が1887（明治20）年に華族女学校に下賜した「金剛石・水は器」です。明治時代に活躍した作曲家の奥好義《おくよしいさ》によるメロディーで「金剛石」が1番、「水は器」が2番として、事実上の校歌として、入学式などで歌われています。「金剛石」とはダイヤモンドのことです。

金剛石

金剛石もみがかずば　珠のひかりはそわざらん
人もまなびてのちにこそ　まことの徳はあらわるれ
時計のはりのたえまなく　めぐるがごとく時のまの
日かげおしみてはげみなば　いかなるわざかならざらん

【意味】 ダイヤモンドの原石は磨かなければただの石。人も日々精進した後に成果を出すことが出来ます。時間が絶えず刻まれていくように、人もたゆまぬ努力を重ねれば、どんなことでも成し遂げられるでしょう。

水は器

水はうつわにしたがいて　そのさまざまになりぬなり
人はまじわる友により　よきにあしきにうつるなり
おのれにまさるよき友を　えらびもとめてもろともに
こころの駒にむちうちて　まなびの道にすすめかし

【意味】　水は器に入れられると様々に形が変わります。人も友人に影響されて、良くも悪くも変わります。優れた能力を持つ友人を選び、怠けたいという心に鞭を打ち、切磋琢磨して一緒に精進しなさい。

実はこの歌の前身と思われる「みがかずば」という御歌が、お茶の水女子大の前身である東京女子師範学校の開校にあたり、1876（明治9）年に昭憲皇太后から下賜されています。今もこの歌はお茶の水女子大の校歌とされています（「お茶の水女子大学デジタルアーカイブズ」から)。学習院女子部には歴代、お茶の水女子大から教諭を招くなど、実は深い縁があります。秋篠宮妃紀子さまがお茶の水女子大で博士号を取得し、研究員を務め、悠仁さまが附属幼稚園から中学まで通ったのも、学習院とお茶の水の間にある、こうした歴史的な縁が背景にあるかもしれません。

大正天皇の后である貞明皇后からは「月の桂」「はなすみれ」という御歌が下賜され、今も歌い継がれています。「月の桂」は1934（昭和9）年に下賜、卒業式で歌われます。昭憲皇太后の教えを事あるごとに思い出し、精進すれば、月にある桂の木にも手が届くほど立派になれるといった内容です。現代の女子部では、各学年が卒業生を送るための出し物を競う学芸会で、最優秀賞にはこの歌の名前を冠した「月の桂」賞が贈られます。1923（大正12）年に下賜された「はなすみれ」は、生徒を可憐でほのかな香りのするスミレにたとえた御歌でした。

月の桂

代々木の杜に神とます　后《きさい》の宮のたまいつる
あやにかしこき御教《みおしえ》を　学びの庭の朝夕に

思ひいでてはおのがじし　身の掟をば定めなん
みよのめぐみの露しげき　いく春秋《はるあき》をおこたらず
袖をつらねてむつまじく　道の一筋進みなば
高根の花もかざすべく　月の桂も手《た》折られん

世に立つ末も姫松の　根ざし忘れずひたすらに
みさおの色を深めつつ　家を斉《ととの》え身を修め
心の鏡　みがきえて　御国《みくに》の光添えよかし

はなすみれ
うつふして　におうはる野の　はなすみれ　ひとのこころに　うつしてしかな

第2章　秋篠宮家はなぜ学習院を避けるのか——皇族の学園生活

卒業生たちの嘆き

小室眞子さんの結婚の顚末に、筆者を含む学習院ＯＢＯＧの心中には複雑な思いが交錯していたのは、「はじめに」で触れた通りです。学習院に進学していれば……身びいきかもしれませんが、そんな風に感じた人が少なくなかったのです。

２０１７（平成29）年9月の婚約内定会見当時の圭さんの職業「パラリーガル」は、法律事務所で弁護士の補佐をする事務職員で、年収はそう高くありません。当時の圭さんの、働きながら経営大学院にも通うという状況は、弁護士を目指すのか、他の道を行くのかも〝外野〟から見れば不透明でした。筆者には将来の目標が定まっていないように見えました。

そうした20代男性が、大学同窓の女性と結婚するなら、普通は共働きを考えるでしょう。もしくは男性が弁護士になってから結婚に踏み切るか。

もちろん収入の多寡は結婚の条件ではなく、勢いのままに結婚するのも悪いことではありません。親の支援に頼ることもあるでしょう。ですが、それは一般国民の場合であって、さすがに皇族の場合、そうはいかないというのが常識的な見方ではないでしょうか。

ところがお二人には、いかなる人生設計があったのかがわかりませんでした。

2021年になり、結婚が本決まりになった背景に、ニューヨークにおける小室さんの「就職内定」がありました。フォーダム大学のロースクールを卒業してマンハッタンの法律事務所に助手として就職する、とのことでした。もちろん助手のままでいるつもりはなく、現地の司法試験に合格して弁護士になるつもりだったのですが、2度の失敗を経て3度目に合格するまでには1年近い時間がかかったのは周知のことでしょう。

もともと米国で活躍する日本人弁護士の多くは、日本の司法試験に合格し、弁護士資格を持って法律事務所に入り、仕事をした上で米国の弁護士資格を取るために派遣される、というのが通常コースです。

ではなぜ、そうしたオーソドックスなコースを辿ろうとしなかったのか。それだけ急ぐ必要があったとすれば、眞子さんの思いが関係していたということでしょうか。

「皇室を出たい」一心で、結婚に走ったらしい眞子さんの一途さには、同時に「危うさ」を感じます。おそらく男性に免疫のない「純粋培養」の環境で、「お嬢さま学校」を経て大学に進み、人生で初めて本格的にお付き合いしたであろう男性にほれ込み、自分の意のままに動いてもらい、結婚まで突っ走ってしまった。そのように筆者の目には映りました。

「一途」であることの危うさ

眞子さんが小室さんと出会う前、すなわち幼稚園から高校まで、学習院ではどのような教育を受けていたのかを見てみましょう。

学習院は幼稚園、初等科、大学は共学ですが、中学・高校は男女別学で場所も別です。眞子さん、そして筆者の母校でもある学習院女子中・高等科（学習院女子部）は東京都新宿区戸山にあります。ＪＲ高田馬場駅から徒歩20分、東京メトロ東西線の早稲田駅からは徒歩８分、副都心線の西早稲田駅からは徒歩１分ほど。駅名が示すように、早稲田大学のキャンパスに近く、江戸時代には尾張徳川家が下屋敷としていた地域です。戦前には近衛騎兵連隊の兵舎があり、その跡地に戦後の１９４６（昭和21）年に移転してきました。

隣接して東京都立戸山高校と新宿区立西早稲田中学校がありますが、両校と女子部との交流は全くありません。戸山高校とはグラウンドが隣接しており、部活や体育の授業で、たまに先方の敷地内に入り込んでしまうボールを投げ返してもらっていましたが。徒歩圏内に複数のキャンパスを構える早稲田大学との交流も不思議とありません。隔絶された「女の園」と言えなくもないでしょう。

学習院女子部正門

学習院女子高等科と他校との公式な交流は唯一、東京・目白にある学習院高等科（男子部）と、筑波大学附属高校（東京都文京区）との間で年1回、行われてきた運動部の総合定期戦「附属戦」くらいです。筑波大附属側では「院戦」と呼んでいます。２０２１（令和３）年に第70回の開催を迎えた歴史ある交流試合で、運動部の対戦を、生徒たち総出でサポートします。目白が会場となり、エール交換では筑波大附属の校歌「桐陰会会歌」、学習院の校歌「学習院院歌」を互いに歌いあいます。

筆者自身も運営側として、同年代の筑波大附属の生徒たちと準備に当たりました。ふだん縁のない男子生徒たち、それも進学校の人たちとの交流は刺激になり、大変楽しかったことを覚えています。とはいえ交流はそれまでで、一緒に運営に当たった筑波大附属の生徒に「学習院大学も受験しますか」と聞いたら「そんなつもりは毛頭ない」と一蹴されたのが印象に残っています。「東大に進むような頭のよい人たちに、我々など全く相手にされないのだな」と考えておりました。

そんな中でも女子部生は、学習院男子部を始め、男子校の文化祭には友人同士で連れ立って出かけたりもしています。休日にそうしたところへ行くことを、禁止されているわけではありません。「制服姿では行かないように」と先生から釘は刺されておりました。

例えば当時近くにあった早稲田実業は高校野球の強豪校であり、私を含む多くの生徒たちが文化祭に足を運びました。1980年代に甲子園で活躍した荒木大輔選手（現野球解説者）の「追っかけ」に励んでいた生徒もいました。他校の男子生徒とお付き合いに発展したケースも少なからずあったはずです。ただ、それ以上に多かったのは、かっこいい同性の先輩に憧れ、こっそり手紙を渡し、文通に至るというケースでした。今なら少なくともメールでしょうが、まあ、女子校らしい校風ではあります。

実際に身近にいる男性は教諭のみ。教育実習で学習院大学から派遣されてくる学生も含め、男性教諭は大人気で、生徒と結婚に至る例もありました。そんな女子のみの「純粋培養」ですから、生徒たちには同年代の男性への免疫があまりありません。大学に進学した途端、最初に付き合った男子学生と、純愛を貫いて結婚する、という例をたくさん見てきました。親が決めた相手とのお見合い結婚も多くあります。

もともと眞子さんの場合は、常に皇宮警察の護衛がつかず離れず側にいたでしょうから、いろいろなところに出かけ、誰彼となく気軽に交流できる立場ではなかったでしょう。大学入学まで、あまり男性との接点は多くなかったと推察できます。

大学に行き、初めて本格的にお付き合いした男性が小室さんだった可能性は否定できません。

なぜ学習院を選ばなかったのか

学習院大学に進学しない選択をした皇族は、決して眞子さんが最初ではありません。読売新聞は2010(平成22)年1月7日付記事「[気になる!] 皇族方　なぜ学習院離れ」で、このテーマを取り上げています。この記事によれば、最初は高円宮家の長女、承子《つぐこ》女王でした。承子さまは学習院女子高等科を卒業後、学習院女子大に進みますが退学。英エディンバラ大学に留学した後、2008(平成20)年に早稲田大国際教養学部に1年生として入学します。戦後生まれの皇族で、留学以外で学習院以外の大学へ進んだ初めてのケースでした。

2009(平成21)年には高円宮家の三女、絢子《あやこ》女王(守谷絢子さん)が城西国際大福祉総合学部に入学。2010(平成22)年には眞子さんがICUに、悠仁さまがお茶の水女子大学附属幼稚園にそれぞれ入られました。承子さま、絢子さんの他校進学が多少なりとも影響した可能性はありそうです。

この記事でも説明されていますが、学習院は1884(明治17)年に宮内省所轄の官立学校となり、1926(大正15)年公布の皇族就学令で、皇族は原則として学習院で学ぶことが定められます。戦後にこの就学令は廃止され、学習院は私立学校となりますが、引き続き、ほぼすべての皇族方が、幼稚園などから学習院のお世話になってきた慣習がありました。

それでも他校に進まれるケースが増えてきたのは、学習院で学べる内容が、必ずしも皆様方のニーズに合わなくなってきたことが推測されます。これは一般の生徒・学生にとっても同じことが言えるのかもしれません。

2010（平成22）年当時の学習院大学は文学部、法学部、経済学部、理学部の4学部で久しく新学部を設置していませんでした。いわゆる「伝統的な学部」であり、医薬や芸術、福祉などの分野を学びたい生徒が他大へ進学するケースは少なからずありました。いっぽうで大学の側では、例えば2004（平成16）年に秋田県で国際教養大学が設立されるなど、地方でも英語で学べる国際関係の学部や大学の創設が相次いでいました。生徒たちの変わりゆくニーズに、学習院大学が追い付いていたとは言いにくい状況だったかもしれません。

読売新聞の記事は、「承子さまは、留学生が多く英語で授業が行われる学習環境を、絢子さまは児童福祉のコースを望まれた」「眞子さまは、入学後の2年間は専攻を決めず幅広く一般教養を学べる大学として、国際基督教大を選ばれた」と伝えており、あわせて当時の学習院長、波多野敬雄氏の「確かに時代のニーズに応えられなくなっているのかもしれない。学部を増設する必要性は感じている」との言葉を紹介しています。

こうした経緯がきっかけの一つとなったのか、学習院大学に国際社会科学部が新設されたのは、この記事が発表されてから6年後の、2016（平成28）年4月のことでした。

秋篠宮家の「アンチ学習院」の理由とは

ただ、そうしたことを踏まえてもなお、秋篠宮家には「アンチ学習院」の志向が強いように見えます。眞子さん、佳子さまの大学からのICU進学だけではありません。悠仁さまに至っては幼稚園からお茶の水女子大附属で、高校で筑波大附属に進むなど、学習院には全く縁がありません。「学習院が否定された」とプライドを傷つけられたような寂しい思いを感じたOB・OGも少なからずいたようです。悠仁さまはなぜ、学習院幼稚園にすら進まなかったのでしょうか。

学習院幼稚園は明治時代、現在の学習院女子中・高等科のルーツとなる華族女学校に男女共学で設置、太平洋戦争中に保育を停止、戦後に廃止されました。復活は1963

（昭和38）年、当時の浩宮徳仁《ひろのみやなるひと》親王（現在の天皇陛下）を受け入れるためでした。満４歳の年次から入園する「２年保育」であり、紀宮清子内親王（黒田清子さん）ほか、複数の皇族が１年だけ別の幼稚園に通ったのち、学習院幼稚園に入園しています。

いっぽうお茶の水女子大学附属幼稚園は、満３歳の年次から入園する「３年保育」です。これが悠仁さま入園の決め手になったとみられています。

お茶の水女子大附属幼稚園は、東京女子師範学校附属幼稚園として１８７６（明治９）年に開園した日本最古の幼稚園です。お茶の水女子大では母の紀子さまが、日本学術振興会の名誉特別研究員として健康と心理学をテーマに研究を続けています。同女子大では、子どものいる女性研究者を支えるため、附属幼稚園や小学校への特別入学制度を新設しました。その適用第一号が悠仁さまだったのです。

教育水準は高く、学費は私学より安い。将来の天皇が学ぶ幼稚園としては申し分ないようにも見えます。学習院で、皇族として定められたコースを進むより、より一般社会との接点を増やした人間関係を培うべき、と秋篠宮家が考えたとしても不思議はありません。皇室は時代に即して変わっていかなければ、という考え方もお持ちだったでしょう。

また、兄の天皇家の一件も頭の片隅にはあったかもしれません。2010（平成22）年には愛子さまが学習院初等科を長期欠席、宮内庁と学習院が3月5日にそれぞれ、このことで会見するという異例の事態がありました。3月6日付の朝日新聞記事によれば、宮内庁の野村一成・東宮大夫（当時）が同級生の父母たちへ問い合わせた結果「同じ2年の違うクラスの複数の男の子が、愛子さまを含む他の児童に乱暴なことをしていることがわかった」と説明。いっぽうで学習院の東園基政・常務理事は「愛子さまを特定のターゲットにした直接的な暴言や暴力は一切ない。報告を受けていない」と説明。両者の見解はやや食い違っていました。これが「いじめ」だったのか、どの程度のものだったのかはわかりませんが、親の立場からすれば心配なのは当然でしょう。

現在の学習院は、戦前と異なり、皇族も一般生徒と同じ扱いです。学習院に入り、最初は物珍しく見えた皇族方のお姿も、次第に日常に溶け込んでいくというのが筆者の実感です。当然、普通の学校で起きるようなことは起きてしまいます。

ただ、見えないところで、教員や職員が受け入れに際し、宮内庁や皇宮警察、そして地元の警察署とも連携し、教育や警備などに細心の注意を払っています。過去、何代もの皇族方を受け入れてきた蓄積とノウハウは、他校にはないものです。

学習院との深い縁を切る理由

そうした環境の整った学習院を秋篠宮家が、あえて選ばなかった理由は明確ではありません。秋篠宮ご夫妻も、その後のご一家も深い縁があり、学習院側も気を配ってきたはずです。一方、受け入れ態勢のない学校が、その準備にかける負担も並大抵のことではないでしょう。そうした周囲を慮る気持ちは、秋篠宮家にどのくらいあったのでしょうか。

ご結婚前の紀子さまは、父の川嶋辰彦さんが学習院大学経済学部教授だったことで、当時、目白の学習院構内にあった教職員宿舎に住み、ご成婚当時は「３ＬＤＫのプリンセス」とうたわれました。家賃は相場より格安、かつ教職員の子女が学習院に通う場合、学費は半額だったと聞きます。また川嶋氏の研究活動による渡米、渡欧では学習院を一旦休学、帰国後には、在籍して進学したのと同じ学年に戻れる制度があり、それを活用しました。

なお、秋篠宮さま（当時は礼宮文仁《あやのみやふみひと》親王）に関しては、こんな「都市伝説」めいた話が学内では伝えられていました。殿下が学習院高等科から学習院大学に内部進学する際の成績の足切りラインが「その年だけ引き下げられた」らしいというのです。

学習院内で、付属の高校から大学への内部進学率は、現在は5～6割程度ですが、殿下が進学された1980年代は女子で9割、男子で7～8割でした。普段の成績に加え、推薦資格を得るための試験があります。その足切りラインのことだったようです。ただこの話は、あくまでも都市伝説の類だったと筆者は見ています。当時の殿下は中・高等科時代、そして大学に進学してからも、家庭教師について必死に勉強されていたと聞いています。

学習院では成績が悪ければ義務教育の中等科でもかつては留年があったなど、進級・進学には厳格な規定があります。私の同級生の中にも、中2や中3を2回経験したり、高校から大学に進学するための点数が足りず、他大や専門学校に進んだりした生徒がいました。同じ部活の憧れの先輩が落第し同級生となり、戸惑った同級生もいました。礼宮さまはもちろんそんなことはありませんでした。

佳子さまはいったん、学習院大学の文学部教育学科に進みました。2013（平成25）年4月に新設されたこの学科は小学校教員免許を取得することができるもので、佳子さまは一期生として入学したのです。当然ですが一期生にはどの大学でも期待がかかり、志願倍率も高くなります。佳子さまにも将来は、児童生徒の教育に携わって頂きたいという期待が、学習院および秋篠宮家にもあったでしょう。

しかし佳子さまは2年生で中退し、ＩＣＵを受験して入り直しました。これについては「眞子さまの挑戦したＩＣＵのＡＯ入試に失敗され、やむなくいったん学習院大学に進んだものの、諦めきれなかったそうです」という証言が、学習院ＯＧの間から出ています。万全の体制で迎え入れた結果、袖にされたのでは、学習院も立つ瀬がありません。学習院大学に進まず、浪人してチャレンジすることはできなかったか、とも思います。

「ライバル意識」と「学歴偏重」

ともすれば頑なに見える秋篠宮家の姿勢には「天皇家に対する複雑な思いがあるのでは」との指摘が、学習院ＯＢ・ＯＧの間には根強くあります。天皇陛下は、在学中から学習院のオーケストラに所属し、卒業後も演奏会に出演するなど熱心に学習院との交流を続けておられます。学内でお見かけするご様子はいつも落ち着いておられる印象でした。

いっぽう秋篠宮さまの印象は、よく伝えられる通り、「やんちゃな次男坊」といったところでしょうか。大学では「自然文化研究会」というサークルを主宰、自ら勧誘されたとされる川嶋紀子さん（後の紀子さま）を始めとするご学友と一緒に行動されていました。優等生的な天皇陛下に対し、次男として何らかの劣等感や辛さ、居心地の悪さを感じておられたのではないか、とみるOBもあります。「将来を見据えて育てられた長男と、比較的、自由に育てられた次男」といった違いはあったのかもしれません。

そんな事情を含めてのお二人の違いを、ある学習院OBはこう評していました。

「学内の運動会などで、誘導されなくても貴賓席に進んで座るのが秋篠宮殿下、率先して一般席に座ろうとし、周囲を慌てさせてしまうのが天皇陛下」

この天皇陛下のために、運動会当日に早朝から一般席を確保する役目を仰せつかった父兄がありました。その気遣いを察知した陛下はその後、貴賓席に座るようになったそうです。皇族の気苦労は私たちにははかりしれないものがあります。

いっぽうで悠仁さまの誕生で、皇嗣家となった秋篠宮家には、天皇家に対する微妙な「ライバル意識」のような思いを持たざるを得なくなった側面もあるのでしょう。悠仁さまを学習院ではなく、お茶の水女子大附属に幼稚園から進学させたのは、保育年数の違いというより、ゆくゆくは学習院よりハイレベルの学校に進ませたいという思いがあったとしても不思議ではありません。

紀子さまの教育熱心さを、ある官僚は、消息筋の話として「何とかして悠仁さまを東大に推薦で入学させたいと、いろんな制度を調べておられると聞く」と打ち明けます。

振られた学習院

いっぽう学習院高等科のほうは、秋篠宮家に門戸を開き続けているふしがありました。かつては男子高等科、女子高等科とも1クラス分、約50人の入学枠がありました。ですが中高一貫教育を推進するため、女子高等科では高校での募集を停止し、その分、中等科入試での募集人員を増やす措置を取りました。中等科4クラス、高等科から1学年5クラスだった構成を、1996（平成8）年度から、中等科から5クラスにしたのでした。いっぽう男子高等科も中高一貫教育を進めていますが、なぜか20名ほどの少数の募集枠を残しています。父母の間では「悠仁さまの入学を受け入れる体制を維持している」との見方がもっぱらでした。

しかし実際には悠仁さまは2022（令和4）年4月、筑波大附属高等学校に進学されました。お茶の水女子大附属と、同校との間にある提携校進学制度を利用した進学でした。東京大学に毎年多くの学生を合格させている名門だけに、推薦も含め東大への入学を視野にいれているといった見方もあります。2021（令和3）年度の実績を見ると、学習院高等科から東京大学に入った人数は3人（現役1人）、筑波大附属高校からは42人（現役28人）でした（両校のHPから）。なお学習院女子高等科からはこの年、東大合格者は出ていませんが、進学情報サイトによりますと前年の2020年度は3人（現役2人）が東大に合格しています。

黒田清子さんと愛子さまの共通項

ここで筆者の経験も交えながら、校内における皇族の方々について述べてみましょう。筆者は学習院女子中・高等科では紀子さま（川嶋紀子さん）の1年下、黒田清子さん（紀宮清子内親王）の2年上、大学では法学部政治学科で秋篠宮さま（礼宮文仁親王）の2年下でした。

皇族方には学内で、皇宮警察の警察官、複数名が付かず離れず見守ります。学習院女子部構内における清子さんの場合、学内を歩く際には3mほど後ろを女性警察官が、その5mほど後ろを男性警察官が歩いていました。常にそばで待機する皇宮警察の、気配を消しながら見守る姿勢は、要人警護のお手本の様に見えました。教室を出る際には、トランシーバーで「今出られました」と皇宮警察官が連絡を取り合う様子も見られました。

ある年の文化祭で、清子さんが所属する日舞部（日本舞踊）の踊りを披露される機会がありました。体育館をステージとした舞台を、当時の皇太子ご夫妻（現在の上皇ご夫妻）が見学に来られることに。筆者は当時、文化祭実行委員会である学芸委員会におりました。中学生や高校生のすることですから、演目の時間は押しがちです。ですが、この時ばかりは、ご夫妻のスケジュールの関係上、1分たりとも遅れは許されず、緊張しながら対応したことを覚えています。ご夫妻が車でお見えになるため、皇居から学校までの信号は交通規制で全て青になったはずです。

ことほどさように、皇族を支える周囲の気遣いは並大抵ではありません。あえて対比すれば、秋篠宮家はそれらを当たり前の特権として享受し、さらなる自由を主張されている。一方で、現在の天皇家は、それらへの感謝の念を常に示していらっしゃるように思います。学習院大学に進まれた愛子さま、親として支える天皇・皇后両陛下を見ても、そんな印象を持ってしまいます。

海外生活を別にすれば田園調布雙葉で過ごされた雅子さまが、愛子さまを幼稚園から学習院に進ませたのは、ごく自然な流れに思えます。筆者の私見ですが、愛子さまのご姿勢は、清子さんと重なります。

女子中・高等科時代の清子さんは美化委員会に所属、校内清掃を指導されていました。部活は日舞部。また、学習院女子部では当時、年1回、中1から高3までが同じ問題の漢字テストを受験していましたが、常に成績上位者にお名前が入っていました。愛子さまも美化委員会に所属。校内では「進んで人に道を譲るような優しい性格」（同時期に女子部に在籍した生徒）でいらしたそうです。文化祭などの行事でチームが組まれた「創作ダンス」の発表会では、司会を担当されたとか。お二人ともご自身の立場を自覚して、行動されていたふしがあります。ともに学習院大学で文学部日本語日本文学科（旧国文科）に進学されています。

学習院女子部の、ある元教員は振り返ります。

「浩宮様や礼宮様（当時）は、時には自分の定められた運命から逃げ出したい、と考えられることもなかったとはいえないでしょう。でも清子さんは、ある意味ではお兄様方以上に、極めて真摯に皇室の行方を考えておられた、というのが周囲の印象です」

愛子さまにも、こうした考え方が根付いている可能性はありそうです。

皇族と学習院の関係性の微妙な変化

皇族方の実際の学校の成績とはどのようなものだったのでしょうか。

複数の女性皇族を教えた学習院女子部の元教員によると、「眞子さんの成績は常に学年10位以内で、失礼を承知で比較させて頂ければ、お母さま（紀子さま）よりも順位は上でいらした。愛子さまは、文系に秀でておられ、一浪すれば東大に合格可能な水準の学力をお持ちでした」。

つまり、お二方とも他大を受験して十分に合格できるだけの高い学力をお持ちだということです。これだけの学力を持つ女子部の生徒は、今の時代であれば内部進学をせず、他大受験を志向するのが普通で、推薦入試など様々なチャレンジをする状況になってきました。

２０２２（令和４）年3月の女子高等科の進学実績では、卒業生１９１人中、学習院大学に進んだのは55％の１０５人、他大やその他の進路が45％の86人です。他校で多いのが慶應義塾大学（16人）、上智大学（11人）、早稲田大学（11人）でした。

この結果は、1980年代に女子高等科を卒業した筆者から見れば「隔世の感」があります。当時は学習院大学への内部進学率は約9割で、一部の生徒が東大や医大、芸大などへ外部受験で進学する程度でした。当時は、「せっかく大学まである私学に入ったのだから、上まで進まなければ損」という考え方が主流であり、外部受験を志したら内部進学の推薦資格を失います。「行くところがなくなったらどうしよう」と冒険するのはためらわれる時代でした。ですが現在は状況が異なります。

少子化の影響で、多くの大学が学生確保のため、確実に入学してくれる指定校の推薦枠を増やす一方、入試の方法も個性を見るためのAO入試や自己推薦入試など多岐に渡ってきました。学習院にも名門私大の推薦枠が多く来るようになっています。せっかくあるチャンスに対し、学校側もチャレンジを推奨しているふしがあり、推薦入試の結果が出た後に、学習院大学への内部進学の希望締め切りを設定しています。つまり内部進学は、外部受験を志す生徒たちにとってのセーフティネット、滑り止めであるわけです。

ある生徒は幼稚園から女子高等科まで進んだ後、舞台芸術を志し、美術大学に推薦入試で進学しました。母親は女子部出身で、幼稚園から大学まで学習院で学びました。でも娘の学びたい希望を尊重し、母娘で一緒になってさまざまな大学を研究、美大への進学を応援したのです。今は楽しく通学している彼女は言います。

「幼稚園や初等科から通った生徒ほど、大学では『学習院はもういいや』って思うんですよ。中・高等科と6年間も男女別学なので、せめて大学くらいは共学の他大学に行きたいし」

眞子さん、佳子さまが同じように考えて、ＩＣＵに進んだ可能性はありそうです。


男子、女子とも顕著な「学習院大学離れ」


実は「学習院離れ」は、男子生徒の間ではかねてより顕著でした。

古い話で恐縮ですが、私の叔父は、初等科のみ学習院に進学し、中等科から私立の進学校に移り、早大に進んで一部上場企業に入り、子会社の社長を務めて退職しました。サラリーマンとしては成功した部類に入るであろう叔父は、学習院の環境をあまり好きではなかったようです。「生活や仕事が親がかりの人が多くて、自分とはあまり合わなかった」と話していました。

近年も男子生徒は、初等科には入るものの、中学から国立、私立の有名進学校に進む、あるいは大学で慶應を始めとする有名大学に進むというケースが目立ちます。女子生徒でも、幼稚園から女子高等科まで進んで外部に進学する例が増えました。旧皇族、旧華族など学習院に縁が深い由緒ある家庭でもそのような傾向が出てきています。学習院から慶應に移る人が多いのは、同窓会組織「三田会」が経済界で大きな存在感を放っていることと無縁ではないでしょう。

先に述べた女子高等科以上に、男子高等科から大学への内部進学率も低下の一途を辿っています。秋篠宮殿下や天皇陛下が在学した1970〜80年代は7割ほどでしたが、2021（令和3）年度は卒業生204人中118人と5割台半ばまで下がりました。他大進学では東大、東京工業大、東京医科歯科大などのほか、慶應義塾、早稲田、上智、東京理科大に2けたの合格者を出しています。

男子の他大志向は、明治期の学習院に一時的に設置された大学の状況と関係がありそうです。当時の大学進学は男子中心、学習院でも旧帝大並みに外交官を育成したい、という意向から大学科が設立されました。一方で学習院の旧制高校からは、無試験で帝国大学に進学できる制度がありました。陸軍や海軍の学校に進む男子生徒も多く、進学者が集まらず、学習院の大学科は短期間で廃止となります。後に首相となった吉田茂は、外交官を志望し、学習院の旧制高校から大学科に進んだところで廃止となり、特例が適用されて無試験で東京帝国大学に転学しています。

こうした歴史的経緯を振り返ると、男子にとって、学習院大学に進まないのは、戦前からの「習慣の一つ」ととらえることも可能です。

そもそも皇族だからといって、学習院への進学を押し付けるのは、今の時代では酷なことなのかもしれません。戦前の学習院は宮内省の管轄で、皇族が進学することが規定で定められていました。ですが、戦後に一般学校となったことで、「現在そうした規定は存在しない」と、学習院の資料室である学習院アーカイブズの担当者は説明しています。当然、どこに進学されようと自由なのです。

学習院と皇族方の関係も、実は見直す時期に来ているのかもしれません。

トリビア②　八重桜

学習院の「院章」は１８７７（明治10）年の創立当初から桜の花が使われています。

本居宣長の歌「敷島の大和心を人問はゞ朝日に匂ふ山桜花」からとされています。

一方で華族女学校は1885（明治18）年の創立以来、八重桜の紋章を用い、女子学習院時代の1933（昭和8）年に正式な院章に定められました。分かれた理由は定かではありませんが、幼稚園から女子高等科までの女子が使用しています。女子部の文化祭は1985（昭和60）年から「八重桜祭」という名称になりました。

「桜」は学習院にとっては大切な院章です。そのため、私が中等科に入学した4月には、生物の授業で、校内および周辺にある、さまざまな桜の木を見学し、名前を覚えるという機会がありました。周囲はかつて尾張徳川家の敷地で、隣接する戸山公園には当時の庭園の一部だった築山の「箱根山」が残ります。この授業では桜にもいろんな種類があることを学びます。私が最も印象的だったのが「ウコンザクラ」、花びらがほんのり緑色の桜です。

第3章　天皇家を支えるための学校――学習院の歴史Ⅰ

天皇家を支える人材を育てる

ここから学習院と学習院女子部の歴史をみていきましょう。

学習院のルーツは孝明天皇の代の1847（弘化4）年、京都御所の東門の学習所で講義が始まり、1849（嘉永2）年に「学習院」の額が下賜されたことに遡ります。公家の学問所として発足した学習院には、来るべき王政復古に備え、天皇家を支える人材を育てる狙いがありました。教育方針は「和魂漢才」で、「漢学」と「和学」を重視。幕末の尊王攘夷運動が盛んになった頃は、尊王攘夷派の公家や長州藩士らの拠点にもなっています。

1869（明治2）年の版籍奉還で公家・大名は「華族」と称されます。1871（明治4）年には明治天皇から華族に向け「『国民中貴重の地位』にあるのだから一層勤勉に努めよ」とする勅諭が出されます。これを受けて、華族の団体である華族会館は独自の教育機関として「華族学校」を1877（明治10）年に東京・神田錦町に開設、明治天皇から校名を「学習院」とする旨の勅諭がありました。現在の学習院はこの時点を創立としています。この時点では華族会館が運営する男女共学の私立学校でした。ですが1884（明治17）年4月に宮内省の管轄する官立学校に変わります。一般校が文部省管轄だったのに対し、大きな違いです。

この理由について、研究者の浅見雅男氏は著書『学習院』（文春新書、2015）の中で、1884（明治17）年1月、明治天皇の生母の父である中山忠能《ただやす》、毛利元徳、細川護久《もりひさ》、鍋島直大《なおひろ》など錚々たる顔ぶれの華族11名が、宮内省に学習院を官立学校として欲しいとの請願書を出したことがきっかけになったとしています。

「明治十六年末の徴兵令改正により、従来、学習院生にあたえられていた兵役についての特権がなくなるのを恐れた華族が、学習院官立化を願った」

つまり当時、官立学校の生徒に限られていた徴兵猶予の制度を適用させようという目論見でした。日本で徴兵令が制定されたのは1873（明治6）年ですが、同書によると、さまざまな抜け道があったようです。前線に大事な男子が送られることを防ぎたいという思惑だったのでしょうか。

徴兵令が公布された年には、いっぽうで太政官達で皇族男子は本務として軍人になることが定められました。宮家によって陸軍か海軍かが分かれていたようです。旧伏見宮家の当主、伏見博明氏は著書『旧皇族の宗家・伏見宮家に生まれて』（中央公論新社、2022）の中で「うちはみんな海軍と決まっていました。宮家で海軍はうちと久邇宮さま、あとは陸軍でした」と話しています。

1884（明治17）年の華族令で公・侯・伯・子・男の五爵が定められ、明治維新以来、功績のあった士族なども多数、爵位を授けられ、華族の数は増加していきます。同年、学習院は宮内省所管の官立学校となり、同年末には、華族就学規則により、満6歳以上20歳以下の男子は、学習院での就学が義務化され多くの入学者が集まるようになります。

共学とはいえこの当時の学習院の教育は、男子を想定したものでした。軍事教育と体操を重視、遊泳、武術、馬術が授業に採用され、海軍士官型の男子制服が1879（明治12）年に、日本で最初のランドセルが軍隊の背嚢をモデルに1885（明治18）年に導入されました。学習院の男子児童・生徒たちが着用する、ボタンが外に見えない造りの詰襟、初等科の児童たちが使うランドセルは当時の名残を残しています。

1889（明治22）年には大日本帝国憲法と貴族院令が公布され、皇族や華族が議員に就任、政治上で大きな特権を持つことになり、子弟の教育は一層重要さを増していきました。

当時、学習院の女子生徒は男子の3分の1にも満たない人数でした。いっぽう社会では「女子にも独自の教育を施そう」という機運が高まり、女学校や女塾が開かれるようになっていました。ただし、その数は1875（明治8）年創設の東京女子師範学校（現在のお茶の水女子大学）や、1870（明治3）年創設のフェリス女学院などまだ少なかったのです。華族の子女は当時の英国の上流階級のように、家庭において教育を受けることが普通で、こうした学校に通うことはあまりなかったようです。

皇后の学校と伊藤博文

明治天皇の后である昭憲皇太后（当時は皇后）は女子教育に熱心で、東京女子師範の開校に当たっては経費を補助、御歌を下賜、行啓して授業を見学するなどしています。

華族女学校開設にも並々ならぬ思いがあったようで、皇后の思し召しにより東京・四谷に開校したのは１８８５（明治18）年11月のことでした。学習院から分離独立する形で、満6歳から18歳までの子女を対象に、小学科と中学科がおかれ、華族以外の生徒も募集しました。実際は士族出身で医者や学者など、比較的裕福で教育熱心な家庭が多かったようです。筆者の同級生にもそうした先祖を持つ人が少なからずいます。

皇后の住まいは近くの赤坂御所だったこともあって頻繁に行啓、事実上の創設者でもあり、華族女学校には「皇后の学校」のイメージが定着しました。

ですが本当の仕掛け人は日本の初代総理大臣、伊藤博文でした。伊藤は旧態依然の風習が残っていた宮中の近代化と華族子女の教育を、西欧文明にならう「欧化政策」に沿って一緒に実現させようとしたのです。その経緯は「華族女学校をめぐる政治—華族女学校の学習院への併合と下田歌子の辞任を中心に—」（加藤靖子、大学史研究28号、２０１９）、「昭憲皇太后と華族女学校—設立及び改革に果たした皇太后の役割を中心に—」（真辺美佐、書陵部紀要58号、２００６）、「昭憲皇太后の教育奨励に関する再検討」（真辺美佐、明治聖徳記念学会紀要50号、２０１３）の三つの論考で詳しく分析されています。

それらをもとに経緯をまとめると次のようになります。伊藤博文は１８８４（明治17）年に宮内卿に就任すると同時に、宮中改革の一環として華族教育にも手を着けます。お手本としたのは、ヨーロッパの教育制度で、ドイツ王室並みの機能と制度を導入する狙いから、ドイツ人のお雇い外国人を採用します。

「伊藤は、天皇と皇后との関係を、西洋の王室にならう形で改革し、天皇が政治・軍事面での役割を、そして皇后が文化・教育面での役割を担うことによって、相互に補う関係を形づくろうとしたのであった」（「昭憲皇太后と華族女学校」）

まさに西洋の王室にならった、近代的な役割分担だったといえましょう。皇后が喜んで協力したことは、各校への行啓の回数の多さからも推察できます。

「昭憲皇太后の教育奨励に関する再検討」によると、皇后は１８７３（明治６）年から１９１２（明治45）年までの約40年の間に82回の行啓を行っていますが、うち40回以上が華族女学校と学習院女学部（１９０６〈明治39〉年に組織変更）と圧倒的多数です。卒業式や授業参観、御歌や菓子、書物の下賜などさまざまに気を配っていたようです。

下田歌子と桃夭学校

話を華族女学校設立当時に戻しましょう。

伊藤博文は設立準備委員として１８８４（明治17）年に、初の日本人女子留学生の一人である大山捨松と、教育者の下田歌子を起用します。この二人の採用には、国際派の大山、宮中派の下田という絶妙なバランスがありました。
大山は明治維新の際の岩倉使節団に同行し、10年以上もの米国留学で女子大を卒業し、日本初の女性学士となった才媛でした。ですが帰国しても、当時の日本では才能を活かせるような仕事が見つからず、後の元老、大山巌の夫人となります。立ち居振る舞いの美しさから「鹿鳴館の貴婦人」と呼ばれながらも、女子教育への思いは強く持ち続けていました。捨松は、米国の友人アリス・ベーコンに宛てた手紙の中で、伊藤にスカウトされた際の思いを綴っています。

「上流階級の人達は娘をミッションスクールには入れたがりません。ですから、今日本は本当によい学校を必要としているのです」「伊藤博文氏から、上流階級の女子のためにぜひとも新しい学校を作る必要があると理路整然と説きふせられ、私は返す言葉もありませんでした」「私が陸軍卿（筆者注：当時の大山巌の役職）の妻であるため知名度が高く、影響力が大きいからとおっしゃるのです」「皇室の改革が、女学校を作ることによって達成されるのですから、まさに一石二鳥だと思います。皇室がこの学校を援助することにな

大山捨松

れば、当然皇后や女官達が学校を参観するので、新しい教育と西洋の思想とが同時に皇室の中に浸透していくと思います」（「昭憲皇太后と華族女学校」）

捨松もここまで伊藤に説得されては断れなかったでしょう。アリスは留学中の捨松の寄宿先ベーコン家の末娘で、後に華族女学校講師として来日することになります。

いっぽう下田歌子は昭憲皇太后の信頼厚い、宮中に深く食い込んだ和歌の名手でした。美濃（現在の岐阜県）の藩士の家の生まれで、明治維新で上京のチャンスをつかみ、宮中に出仕して歌の御用係をつとめます、昭憲皇太后に和歌を教え、「歌子」という名前をもらうほど親しくなりました。1882（明治15）年には、東京・麹町の自宅に私塾「桃夭《とうよう》学校」を開きます。今の実践女子学園の原点であり、同大学のHPによれば政府高官の妻女など、一時は200人が在籍したといいます。当時の政府高官たちは明治維新の功により登用された、いわば「成り上がりもの」であり、その妻や子女の教育水準が必ずしも高くなかったようで、そうした女性たちに教養を施す学校が必要とされたのでした。

１８８５（明治18）年11月に現在の東京・四谷で華族女学校が開校した際には、「桃夭学校」から生徒60数人が移籍、学習院の女子生徒38人に加え、新入生を含め総勢１３３人が一期生となりました。華族のみならず、むしろ桃夭学校出身の庶民派の生徒たちの方が多かったことになります。この流れは、現代の学習院女子部にも共通しているように筆者は感じます。

下田歌子

華族女学校の開校にあたり、昭憲皇太后は次の言葉を下賜しました。

「つらつら惟《おも》ひみるに女子は巽順《そんじゅん》の徳を体して善く父母舅姑《きゅうこ》に事《つか》へ、又其良人を助けて善く一家の事を理《おさ》め、其母たるに至りては其子を家庭の内に教育するの義務あるものなれは、其身に相応する学識なかるへからす、近来各地女学校の設《もうけ》あり、今また特に華族のために本校を新設するは皆此旨趣に基きたるものなり」

「入校の女子は諸科の学術に熟達するのみならす、更に道徳の源に溯り各其地位に応して孝順貞烈慈愛の徳を修め、国家教育の本旨に背かさらんことを期す」（『学習院百年史』）

「巽順」は柔順に人にへりくだること、「孝順」は親に孝行して従うこと、「貞烈」は女性の貞操が固くしっかりしていることです。読み解くと皇太后は「上流階級の女性として父母、結婚した後は舅や姑、夫に仕え、子どもを育てるために、自らが学問を身に着けるとともに道徳を守り、慈愛の心をもって国家に尽くすように」と伝えたかったのでしょう。

1887（明治20）年には昭憲皇太后が御歌「金剛石・水は器」を下賜します。金剛石とはダイヤモンドのことで、宝石も原石を磨かなければ光らないのだから、しっかり勉強するように、水も器次第で様々な形に変わるので、友人は選んでつきあいなさい、といった「生徒としての心得」が読み込まれています。曲がつけられたこの御歌は、今も学習院女子中・高等科で歌い継がれています。

開校当時は小学科（下等・上等）と中学科（初等・高等）に分かれ、授業では修身、裁縫、図画、音楽、体操の授業が全学年必須になっています（前掲書）。「深窓の令嬢」たちに体操を課していたのは意外ですが、1894（明治27）年からは運動会も開催されています。ひ弱なお姫様方を健康で丈夫な体に育て、立派な子供を将来、生んでもらう狙いがあったのでしょう。

礼式や習字、算術の授業数も多く、結婚で早期退学する子女も多かった時代に、短時間で最低限のマナーを身につけさせようとしたようにみえます。ほか和文学、漢文学、欧語学、歴史、物理など文系、理系を取り交ぜたカリキュラムが組まれていました。

日本の女子教育の基礎を造った女性教育者たち

さすが「皇后の学校」というべきか、華族女学校には錚々たる教育者がそろえられました。

大山捨松と一緒に米国に渡った日本人初の女子留学生で、後に女子英学塾（現在の津田塾大学）を創設した津田梅子が英語、後に日本初の知的障がい児の福祉施設となる滝乃川学園を創設した石井亮一を夫とし、運営に携わった石井筆子は留学先で習得したフランス語を教えます。米国留学した大山捨松や津田梅子の現地での親友だったアリス・

ベーコンら外国人教員もそろいます。国文学者の関根正直、幕末・明治期の漢学者である川田剛（川田甕江《おうこう》）、南方熊楠の師匠にあたる博物学者の鳥山啓《ひらく》、地理学者で日本の湖沼学研究の第一人者である田中阿歌麿《あかまろ》、歴史学者で東洋史の概念を作ったとされる那珂通世、江戸時代の大名で、武家茶道流派の家元でもあった松浦詮《まつらあきら》が茶道という、錚々たる顔ぶれです。

1894（明治27）年に華族女学校に幼稚園が設置された際には、女子高等師範学校（現在のお茶の水女子大学）附属幼稚園の保母をつとめた野口幽香が赴任します。女子高等師範附属幼稚園は1876（明治9）年創設の日本最古の官立幼稚園で、ドイツのフレーベルの教育に倣っていました。このスタイルに倣い、就学前の華族の子女のために造られた華族女学校幼稚園で、野口の教え子の一人が香淳皇后で、晩年には定期的に進講していました。ここまで一流の講師をそろえ、皇室との縁が深かった学校は、日本で唯一無二、空前絶後の存在だったことは間違いありません。

さらに興味深いのは、下田歌子、津田梅子、石井筆子、野口幽香らがその後、新たな教育機関の設立運営に携わるなどして、日本の女子教育の礎を作ったことです。女性教育者のパイオニアだった彼女たちが、良家の子女の教育を目の当たりにし、より恵まれない、教育の必要な子女たちの力になりたい、と考えただろうことは想像に難くありません。野口は華族女学校幼稚園に勤めながら貧困家庭の子どものための二葉幼稚園を１９００（明治33）年に設立します（二葉保育園のＨＰから）。１８９９（明治32）年に実践女子大学の前身を創設した下田歌子も、上流階級に限らず広く一般の女子を教育することを目標としました（実践女子大学ＨＰから）。津田梅子が１９００（明治33）年に興した女子英学塾は、女性の地位向上が日本の発展につながるとして「男性と協同して対等に力を発揮できる女性の育成」を目指しました（津田塾大学ＨＰから）。日本の女子教育は、華族女学校をきっかけに、こうした女性教育者たちの努力で少しずつ切り拓かれてきたのだと考えられます。

華族女学校の生徒数は１８８７（明治20）年に２１４人を超え、校舎が手狭となりました。そのため、現在の東京・永田町の御料地にレンガ造り2階建ての新たな校舎が建設され１８８９（明治22）年に竣工します。当時を代表する西洋建築で、現在の学習院女子部の校舎は、この永田町校舎をモチーフに八重桜のレリーフが刻まれています。同年には華族女学校の最初の卒業生が送り出されますが、その数はわずか４人。生徒の多くは学業途中で結婚のため退学していたのでした。

〝ハイカラ〟下田歌子と〝質実剛健〟乃木希典の対立

学習院から独立した華族女学校でしたが、1906(明治39)年4月に再び学習院と合併して、「学習院女学部」となりました。再編の理由ははっきりしませんが、「華族女学校をめぐる政治」(加藤靖子)によると、「財政困難もあって学習院の縮小は明治20年代末から明治30年代半ばにかけて言わば既定路線となっていた」ようです。また1903(明治36)年に山縣有朋が学習院を改革すべきという意見を、宮内大臣の田中光顕に提出、その中で「寄宿制度を再興し、華族子弟に陸海軍学校に入る気風を作る」などと進言しています。当時は日露戦争の開戦前、男子の教育は学習院でなく軍隊で、という風潮があっても不思議ではなく、学習院縮小の流れが女子にも及んだという事情があったようです。

初代女学部長は華族女学校設立当初から教育全般の責任を担ってきた下田歌子でした。下田は生徒たちに大変に慕われていました。和歌や源氏物語を分かりやすく教える一方で、動きやすくハイカラな「袴とブーツ」スタイルを考案しています。

下田は、昭憲皇太后はじめ多くの皇族方が行啓などで学校を訪れる以上、高貴な方にも失礼がないようにと和服の時は袴を着け、靴を履く事を定めます。その袴は次第に海老茶色が主流になり、袴に靴を履いた「海老茶式部」と称するモダンな女学生スタイルが定着します。現代の卒業式まで連なる女学生スタイルという、当時の流行を生み出した下田が慕われていたことは想像に難くありません。

ただ下田の時代は終わりを告げようとしていました。

下田の女学部長就任と前後した1907（明治40）年1月、陸軍大将の乃木希典が学習院長に就任します。日露戦争の名将、乃木の抜擢は、明治天皇によるものでした。学齢期にさしかかっていた皇孫の迪宮裕仁《みちのみやひろひと》（後の昭和天皇）の教育を委ねたためです。乃木は厳格な教育方針を示し、女学部の生徒には「質素」であることを強調しました。乃木は明治天皇の大喪の日に殉死した1912（大正元）年9月まで院長の職にあり、学習院の教育に大きな影響を及ぼしました。下記は院長就任にあたり、乃木が女学部に示した訓示です。

一、凡そ徳操の中でも、質素と云ふ事が、最も能く守らねばならぬことである。

一、質素は価の多少にあらず。質素といへば、単に価を多く費さねばよい、人に貰つたものだからよい、安く買入れたものだからよいといふ訳ではない。たとひ廉価なものでも、質素の精神に叶はないものは、高価でも質素の精神に適つたものに比べて、遥かに劣るのである。

一、最も卑しむべく恐るべきもの。無理に品物を廉く買はうとし、又貰ふべからざるものを人から貰つて喜ぶやうなことは、最も卑しむべきである。又質素とは金銭のみの事ではない。特に彼の正しからぬ贈与を受け、又は価をねぎつて得た品を喜ぶやうな、節義もなく節操も無いのは、最も卑しむべく恐るべきである。質素を守る心のあるものは、不義のものをみかへりもせぬのが其の徳である。

一、家風の善悪は、大抵内事の主宰者たる婦人の精神如何にあるものである。是迄見聞したところに依れば、家庭で奢侈遊惰の風を醸して来るのは、多く婦人に起因するのである。

一、一家には祖先よりの家風がある。凡て一家には、各祖先から守り来つた正しい家風と云ふものがある。然るに質素と云ふ事の誤解から、この正しき尊ぶべき家風を捨てて、鄙しい下等社会の悪風を学ぶ事があつたら、啻に自己の品位を損ふばかりでなく、延いては上流社会の名誉を傷つけることになる。

一、行《おこない》に表裏があつてはならぬ。たとへば、門の内外を問はず、注意する人の有無に拘らず、常に真面目に実直にしなければならぬ。
一、衛生によく注意せよ。
一、身をたしなみ行儀をよくせよ。（『学習院百年史』）

文章は難しいですが、要するに「質素第一、清貧第一」といった意味でしょう。物を値切って購入したり、人からもらうべきでないものをもらったりするのはよろしくない。一家の善悪は婦人によるところが大きい。行動に表裏があってはいけない、常に真面目に実直に生活せよ、家風と上流社会としての品位を保て、などなど。

この院長の命により、生徒たちの着物は、絹織物でも銘仙など比較的、質素なものに限られてしまいます。「袴とブーツ」の優雅な女学生たちが一気に「清貧」生活に馴染むことは難しかったでしょう。日露戦争の名将を尊敬しこそすれ、やたらと長い訓示は理解に苦しみ、納得できなかった生徒は多かったのではないでしょうか。

当然ながら下田とも感性は合わず、下田は1907（明治40）年11月、辞職に追い込まれます。当時の日刊新聞紙、「平民新聞」に、下田と政府要人たちとの私的な関係を書いたスキャンダルが掲載されたことも要因の一つとみられます。

下田の退任は多くの生徒たちに惜しまれました。鹿鳴館で盛大な送別会が開催され、庭園で２００人以上の女生徒たちに囲まれた下田の写真が学習院に残っています（『学習院女子中等科女子高等科１２５年史』）。同窓会である「常磐会」発行の会誌「ふかみどり」には、下田退任を惜しむ生徒たちの様子を書いた手記があります。いわく「上級生がお袖に取りすがって泣いていらした」など。１９３６（昭和11）年に下田が乳がんで死去した際には、華族女学校一期生で桃夭学校出身の本野久子が追悼文を寄稿しました。本野は「常磐会」の初代会長で、下記は常磐会が同年に発行した同窓会誌「ふかみどり」21号からの抜粋です。

乃木希典

「現代に於ける女子教育家の巨星、文才においては今紫式部とたたへられ、智能、手腕に於ては、此人をして男子たらしめば、必ず総理大臣ならんとまで、政治家の評をうけられた」

「下田先生の源氏物語の御講義は他の多くのものと全く異り、先生独得の御説明にて、藤原時代の宮中の有様を目前に視る様に思はるるは申すまでもなく、其時代を背景として其頃の婦人の特色をよく分析して御話し下さいましたので、全く女子の心得、女子の修身として、伺ふ価値のあつたものでございます」

「文才は紫式部級、知能は総理大臣級」とは、かなり「盛っている」部分もあるかもしれません。とはいえ源氏物語の講義は時代背景と女性の特長を理解した、評価の高かった内容であり、当時の女生徒を夢中にさせた内容だったと推測できます。

乃木院長への反発

乃木院長は学習院の寄宿舎に同居し、掃除や食事を学生たちと共にし、授業を視察、剣道のけいこに付き合うなどしていました。男子生徒には慕われていた様子がうかがえますが、果たして女生徒たちはどうだったのでしょう。

乃木院長が学習院女学部での訓示で、思いがけず上がった女学生の歓声に当惑した様子を、タレント出身の参議院議員だった藤原あきが書いています。「わたしの母校」という、朝日新聞の1963（昭和38）年9月2日付夕刊の特集です。藤原は本名「秋」。三井財閥の主柱だった中上川《なかみがわ》彦次郎（福沢諭吉の甥）の娘で、後にオペラ歌手の藤原義江と結婚し、タレントとして活躍します。1903（明治36）年に華族女学校に小学1年生として入学してから、11年間を学習院で過ごしました。

「乃木大将が院長になってたぶん最初のご訓示の時であったと思うが、さすがロシアの大軍にも驚かない乃木大将が、驕慢《きょうまん》な上流社会の娘たちのためにたじたじとなって、一瞬壇上に立往生する場面が展開された。

大将がお話のなかで両親の事を『お父さんおっ母さん……』と言われたら、とたんに生徒の中から笑声がわき上がって、ワーッとなってしまった。演壇上の乃木大将は生徒が何を笑っているのか全然了解できないで、キョトンとした表情で言葉をさえぎられたまま、しばらくあたりを見まわしておられた」

「華族の娘の多くは両親をおもう様おたあ様と呼び、少し新しいところでもお父様お母様である。おとっつぁん、おっかさんという呼び方は自分たちの生活の中になかったのだ。院長様ともあろう人が耳なれない下賤《げせん》な言葉を使われるのは、十五、六のお上品ぶって人をゆるすことを知らないお姫様たちにとって、我慢できない笑いの種であったのである」

1912（大正元）年9月の明治天皇崩御の御大喪後、女子生徒は、乃木院長の指示で黒メリンスの喪服を1年間、着て通学することを義務付けられます（『学習院女子中・高等科100年史』）。といっても乃木は大喪の日に夫人と殉死してしまうのですが、いくら明治天皇の喪に服すといっても、1年間も喪服を着続けるというのは10代の女生徒には苦痛だったでしょう。残念ながら乃木院長と女子生徒たちは、最後まで今ひとつ、かみ合わなかったかもしれません。

乃木とそりが合わなかったのは、文学者の集まり「白樺派」も同じだったようです。大正デモクラシーを背景に理想主義、人道主義をうたい、1910（明治43）年に雑誌「白樺」を創刊したグループです。武者小路実篤、志賀直哉といった初等科から高等科まで学習院に在籍し、東京帝国大学に進んだ良家の文化人作家を中心に結成され、木下利玄、有島武郎、里見弴らのメンバーも学習院出身者でした。創作とともに欧州の文学や美術を研究、乃木が主張する明治の精神や武士道に対する強い反発があったといい、「白樺」は学習院内では禁書にされたとも伝えられます。

女生徒たちと白樺派はともに、乃木院長の指導を窮屈に感じ、古めかしいと考えていたふしはありそうです。明治時代は過ぎ去り、新しい時代をともに見ていたのでしょう。

永田町の校舎焼失

1912（明治45）年2月11日に永田町の校舎が火災で焼失してしまいます。紀元節の式典を終えた後、暖房室からの発火で、煙突にたまった煤が原因だったと後に調査で判明します。生徒たちはすでに帰宅していたため人的被害はありませんでした。

東京朝日新聞は1ページの半分を割いて写真と共に混乱の様子を紹介しています。消防に加えて近衛隊など軍隊までもが相次いで出動して消火活動を実施。教諭がピアノを火災から救い出そうとしたものの叶わず、無残に破壊されてしまったこと、いっぽうで天皇・皇后の「御真影は無事」だったことが報道されています。

焼失以前から校舎は生徒数の増加で手狭になっていたため移転先を検討。青山練兵場跡地（現在の秩父宮ラグビー場、東京都港区）が確保され、1918（大正7）年に新校舎が竣工します。「質実剛健」を旨とした木造建築でした。この年、学習院女学部は再び学習院から独立して「女子学習院」となりました。

「女子学習院」は前期4年、中期4年、後期3年の11年の一貫教育で、尋常小学校から高等女学校までの課程をカバーしていました。また同じ学年でも早生まれと遅生まれで発育が違うからと、4月の「春組」と10月の「秋組」2回に分けた入学制度を設けていました。華族以外の入学者は、華族で定員が満たない場合に募集されたようで、別の小学校に半年だけ通った後、秋組に入学することが多かったようです（『学習院百年史』）。

華族女学校の発足当初から、修身、音楽、体操は全学年を通じ必須でしたが、女子学習院では数学を始めとする理系の科目も必須となりました。当時の一般の小学校・高等女学校と比べると教養面の科目が細分化され、手芸や習字、絵画といった教科が並びます。裁縫の時間は、運針から始まり、簡単な和装の仕立物まで出来るようにしていました。この習慣は筆者が通った昭和時代までありました。和裁の授業に筆者は苦労しましたが、当時覚えた運針は今も役立っています。

時代は明治から大正となり、大正天皇の妃、貞明皇后も女子学習院の教育に熱心でした。昭憲皇太后と同じく卒業式など式典を含め女子学習院を頻繁に訪ねています。1923（大正12）年には御歌「はなすみれ」を下賜。皇太后となったのちの1934（昭和9）年にも御歌「月の桂」を下賜しています。

超高級花嫁学校

華族女学校での教育は、それは「超高級花嫁学校」のようなものだったと、浅見氏は前掲『学習院』で評しています。女優の東山千栄子は、貴族院議員を務めた渡辺暢の次女で生家は代々、佐倉藩の家老を務めており、1903（明治36）年に初等中学科2年（現在の中学2年）に編入しています。同書では、千栄子が自叙伝的エッセイ『新劇女優』（学風書院、1958）に綴った学校生活を紹介しています。

「上流家庭に、おヨメにいくことを目標に教育しておりましたので、むずかしい勉強のことよりも、小笠原流のお作法や、西洋料理の食べ方、ダンスなどを、きびしくおそわりました。私はそのかたわら、平河町の双葉会で、フランス語を学びました。それは母が、私を外交官夫人にしようという願いからでした。このほかに、お琴やお花をならうなど、学業のほかに、ずいぶんせわしい女学校時代をおくりました」（『新劇女優』）

千栄子は、前の学校では全て「甲」の成績だったものが、1学年上のクラスでも1学期は「乙は2つ」にとどまり、「学習院は勉強の点ではずいぶん楽でした」と振り返っており、1学年上の北白川宮武子女王と親交があったことを綴っています。

千栄子は卒業後、仏英和女学校（現在の白百合学園）に転じてフランス語を学び、商社勤務の男性と結婚し、一緒にモスクワに赴任、モスクワ芸術座でチェーホフの「桜の園」などの舞台を見て感動し、女優の道に進むことになります。恵まれた環境が、本来の才能を呼び起こした、といえそうです。

勉強が楽だったという証言は他にもあります。1925（大正14）年に卒業した徳川元子は回想記『遠いうた　七十五年覚え書』（講談社、1983）でこう綴っています。元子は伯爵家に生まれ、19歳で徳川吉宗に連なる田安徳川家に嫁ぎました。

「学生生活は、入試に煩わされることもなく、追いかけられるような勉強を強いられることもない余裕のあるものでした。勉強したければいくらでもできたし、したくなければしないでも済んだというような暢気なものでした」

「現在（筆者注：初版が刊行された1983年当時）と比べると、数学をはじめすべての学科の程度が低くて易しかったと思いますが、女性だからということもありますし、学習院女子部を卒業しても、どうせ社会に進出して働くというようなことはなく、家庭にとどまっていわゆる良妻賢母になればよいと期待されていたので、社会に身をさらして積極的に働く素地を作るとか、学問を究めるというような意図は、先生にも学生にもなかったのだと思われます。先生方は皆高等師範学校を出られた立派な方達でしたから、授業されても張り合いがないと思われた方も中にはあったかも知れません」

そんな「超高級花嫁学校」ゆえ、花嫁候補となる生徒の様子を関係者が授業参観で「品定め」に来ることが普通に行われていました。1911（明治44）年制定の規程の中に「参観人心得」があります（『学習院女学部一覧』学習院女学部、1912）。

「参観人ハ『フロックコート』若クハ羽織袴ヲ著用スベシ婦人ハ之ニ準ズルモノトス」

「同一教室ニ同時ニ四名以上ノ参観者ノ入ルコトヲ許サズ」

「参観人ハ教場ニ在リテハ殊ニ態度ヲ慎ミ姿勢ニ注意シ且ツ談話若クハ筆記ナド為スベカラズ」

男性はフロックコートもしくは羽織袴で、女性はそれに準じた正装で参観し、いずれも少人数に限ること、静かに参観することなどが取り決められています。将来の姑、舅が嫁を見定めに来たようで、大正天皇の后である貞明皇后も、後の昭和天皇の妃となる久邇宮良子女王をこの授業参観で見定めた、と伝えられます。さすがに現代の学習院女子部ではありえません。

ですが、名残はあります。長年、女子高等科では、生徒にパーマが許されています。「パーマ禁止」の校則を持つ学校のほうが多いと思うのですが、これはかつて高等科を出てすぐ結婚する生徒が少なからずあり、お見合いのために許されていた、という経緯を筆者は在学中に先生から聞いたことがありました。

〝お付き〟が待合所に控える

華族女学校における入試は、華族は無試験、非華族は定員が足りない時に選抜試験がありました（前掲『学習院』）。また授業料は華族が無償だった時期もありますが、程なく身分の区別なく徴収されるようになります。皇族も同じで１９２６（大正15）年の皇族就学令で徴収に関する規定があります。

とはいえ皇族と華族、非華族の間に「階級社会（ヒエラルキー）」があっただろうことは想像に難くありません。

藤原あきが、先に紹介した記事で皇族を頂点とした「階級社会」について書いています。平民出身かつ非嫡出子だった藤原にとっては、違和感を覚える環境だったようです。

「五歳で入学して十六歳で卒業するまで十一年間の学校生活で、他の学校とちがう特徴は、自身の才能以上に家柄の力が強く作用することだった。姫宮様がたが最上位をしめ、公爵の娘、侯爵の娘と、宮中なみに権力の順位のある世界だった」

大正時代の初期に中等科に通った生徒は、皇族方との関係を書き残しています。宮様方はやはり特別扱いでした。

その生徒の入った組には、「『山階宮』、『梨本宮』の姫様がいらっしゃり」「先生がふたこと目には『この組は宮様がお二方もいらっしゃるので別して新入生は言葉やお行儀をよく』とお説教を聞かされた」とのことです（『学習院女子中・高等科100年史』）。

1922（大正11）年7月5日付の東京朝日新聞には女子学習院の「濡れて通ふ子と

車や自動車で通学する子～大雨の今朝、学習院生徒の通学振りを観る記」というルポが掲載されています。写真には、女子学習院の正門前に自動車や人力車がずらりと並んでいる様子が見えます。ある大雨の朝の登校風景のルポです。

「正門へかけて、幌俥と自動車とが行列をなして走って行く、その合間合間には蟬の羽根のようなレインコートにくるまった小さい娘さん達の右に左に寄り添って自分は頭からびしょ濡れも構わず手を引く嬢さんを濡らすまいぞと苦心の若い婦人連れが電車から下りて行く」

専用の自動車や人力車で通う子女がいる一方、電車通学に付き添うお付きの女性たちが、お嬢様を守ろうとする苦労がしのばれます。当時は人力車の車夫やお付きの人たちが授業中、構内で待機しており、その数が１００人以上にのぼりました。女子学習院側が対応に困り、そこで当時の宮家の子女が率先してお付きを廃し、自動車や人力車での送り迎えに切り替えたことで数は60人ほどに減ったという経緯がこの記事には書かれています。

記事中では、女子学習院が待機する付き添いのために裁縫教師を雇い、有料で授業を行っていたことも紹介されています。

さすがに現代の学習院女子部ではこんなことはありません。車通学は禁止、生徒たちは一人で公共交通機関を使って通学します。車で通うのは皇族方のみで、学校の近くで下車、校門まで歩いて来られています。その皇族方も、クラスで特別扱いを受けることはありません。

皇族はもちろん、旧華族や富裕層の子女であっても、学校に来ればみな同じ生徒として、分け隔てなく接することが現在の学習院女子部の基本でしょう。

「銃後女学生」の心意気

華族女学校から数えて開校50周年に当たる1935（昭和10）年、記念式典が行われました。記念事業として『女子学習院五十年史』が作成されたほか、昭憲皇太后の御歌「金剛石・水は器」の歌碑が建立されました（現在は学習院女子部〈東京都新宿区〉の校内に設置）。

さらに将来の女子教育の資料とするため、近世期に女性たちが著した作品に光を当てようという試みが実現しました。埋もれていた女性たちの和歌や俳諧、随筆、物語などの作品を収集し解説したもので、４年後の１９３９（昭和14）年に『女流著作解題』として刊行されました。慶長（安土桃山〜江戸時代）から明治時代を扱った約６００ページの大著です。女子教育の発展を担おうという機運が、教職員の間にあったことが窺えます。今も国会図書館のデジタル資料として閲覧することができます。

この時代は日本が戦争に突入した時期でもあります。１９３７（昭和12）年に日中戦争が勃発して以降は、戦時体制が色濃くなっていきました。学習院でも男子生徒は軍事教練や勤労動員に駆り出され、１９４１（昭和16）年の太平洋戦争の開戦以降は常態化。１９４３（昭和18）年に学習院高等科でも徴兵年齢に達した在校生や、卒業して大学に進学した学生たちが召集されます。

女学生もこの流れと無縁というわけにはいきません。女子学習院では日中戦争以降、勤労作業として白衣を製作、出征する軍人へ慰問袋や遺族の為に慰問金を贈りました。裁縫実習を兼ねて陸軍傷病兵用の白衣を縫った生徒は「ほつれやすく、ごわごわした天竺木綿を半返しの折伏せ縫いにするのは、慣れないためもあって容易な仕事ではなかった」と書き残しています。太平洋戦争以降は「勤労報国隊」を組織。負傷兵用のガーゼを板に巻きつける作業や、陸軍の防寒用外套（オーバーコート）のボタン付けなどの仕上げ作業をこなしました（『学習院百年史』）。

1939（昭和14）年7月18日付の東京朝日新聞には「率先断髪を全廃　夏休中に伸して結髪の申合せ　女子学習院の上級生」という見出しの3段の記事が載っています。若い女性の「パーマネント・ウエーヴ問題」が贅沢として批判される中、短めのヘアスタイルでカールしたり髪飾りをつけたりすることをやめるため、夏休みの間中、髪を伸ばして9月の休暇明けには、時局にふさわしく、髪を束ねて登校しようということになったという内容です。

「同院の学生は従来、大部分が所謂ボッブ刈り（筆者注：ボブ刈り）で頭髪が短かく、束ねたり結んだり出来ないため、上級生の間には髪の先端をカールさせたり色々の髪飾りをつけたりする傾向があったが、このほど後期一年以上の上級生たちが自発的に申合せを行い、この夏休み中各自髪を切らずに出来るだけ伸ばし、九月の休暇明けにはみんな揃って時局にふさわしく、髪を後ろで束ねて登校しようということになったものである」「一斉に質素な結髪に転向、銃後女学生の心意気を示すことを申合せて注目されている」

上級生は総勢３８０人、在学中だった賀陽宮《かやのみや》美智子女王も実行したとのことなので、こうした取り組みは、世間の女性たちに影響を与えたことでしょう。姫君たちの心意気、「ノブレス・オブリージュ」を示したものといえます。

また生徒たちは当時の下総御料牧場（千葉県）、新宿御苑（東京）、白金御料地（東京＝現在の国立科学博物館附属自然教育園）で農耕作業に従事しました。１９４３（昭和18）年8月19日付の毎日新聞夕刊には、「戦ふ大和撫子の道　女子学習院生の勤労作業」という記事が掲載され、豚にエサを与える生徒たちの様子が紹介されています。

最も大変だったのは白金御料地の開墾だったようで、草を摘む程度しか経験のない生徒たちがトウモロコシやカボチャ、イモなどを植えるのは苦労続きだったようです。

１９４４（昭和19）年8月には塩原（栃木県那須塩原市）に疎開学園を設け希望者が疎開します。当時の皇室の別荘である塩原御用邸が近くにあり、在学中だった孝宮和子、順宮《よりのみや》厚子、清宮《すがのみや》貴子の三内親王が通うのに都合が良いという理由で塩原が選ばれたようです。食糧事情が厳しく、栄養失調やシラミに悩まされる中、土地を開墾し、イモや野菜を育てる農耕作業や、山菜取りにも勤しみました。後に西那須野にも分園が設立されます。
食糧事情が厳しかったのは学習院も同じでした。
「栄養失調の為、蚤にさされた手足にできたおできが仲々治らず、ひどい人達は、もっと山奥の新湯という硫黄泉に湯治に行ったり、寮母さんが交代で洗髪して下さったにもかかわらず、しらみがわいたり、大変なことも多々ありました」（『学習院女子中・高等科100年史』）
その頃、香淳皇后からビスケットが下賜されたことがありました。
「皇后陛下から、疎開学童に、御歌とともに、恩賜のビスケットを一袋ずつ頂き、当時としては大変な貴重品で、一人では頂いてしまう気になれず、いつか『お家の方にも』と多くの方は取っておいた様に覚えております。今でも袋は大切に残してあります」（同）
やはり女子学習院、他校ではあり得ない配慮もあったことが分かります。

戦時中、「敵性語」として縮少される傾向にあった外国語の学習は、東京でも疎開先でも以前と変わらず続けられました。理由がはっきりしませんが、女子学習院が宮内省の管轄下にあり、国の教育制度とは一線を画していた名残かもしれません。東京に残った生徒たち有志が、勉強への思いを断ちがたく、教員宅に押し掛け英歴史家トマス・カーライルの「サーター・リザータス（筆者注：「衣装哲学」、1836年に米国で刊行）のお話をうかがってわけもなく感激したり、先生のお大切な蔵書類を見せていただいた」と書き残しています（『学習院百年史』）。

戦火が激しくなり、1945（昭和20）年4月の空襲で目白の学習院校舎、5月の空襲で青山の女子学習院の校舎は大部分を焼失してしまいます。女子学習院は目白の徳川義親《よしちか》侯爵邸を仮校舎として授業を続けました。その中で8月15日の終戦を迎えます。東京に残っていた生徒たちとともに玉音放送を聞いた教員はこのように振り返っています。

「放送が済むと、下村院長がひと言ふた言お話しになって、その後、徳川侯が『日本は敗けた。この日本が敗けた理由はたった一つ、日本人の教養が低かった、この一語に尽きるんだ』と簡明に敗けた理由をおっしゃった。『教養が低かった』というその一語を私は大変印象的に伺いました。それから後、あっちの隅、こっちの隅でみんな泣きました」(同)

「日本人の教養が低かった」と断じた徳川侯の言葉は非常に重いものです。

トリビア③　「ごきげんよう」と女子部ことば

学習院女子部には、華族女学校時代以降、今も残る独自の風習があります。

最も有名なのは「ごきげんよう」でしょうか。華族の家庭で普通に使われていた言葉が伝えられているもので、「おはようございます」も「さようなら」も全て「ごきげんよう」です。これ一つで挨拶は事足りますから、便利ではあります。

ほか「恐れ(入ります)」「おみせ(下さいませ)」「およろ(しゅうございますか)」など短縮した使い方もありました。一時は、何にでも「お」をつけることも流行ったとか。例えば授業開始や終了をつげるベルは「おぢゃん」、「だめ」「いけません」を「おだめ」「おいけません」など。エスカレートし、バケツに「お」をつけることを禁止した先生もいたとか。「ごめん遊ばせ」や、「あなた」を「この方」という風習が昭和40年代ごろまでありました。

このうち現存する唯一の女子部言葉が「ごきげんよう」かもしれません。正門が隣り合わせでもある都立戸山高校のある卒業生は日々、守衛さんにも「ごきげんよう」と挨拶する生徒たちを見て「皇族方も通う、われわれ平民たちが立ち入ってはいけない世界」と遠目に見ていたと振り返ります。

外部の方が聞いたら面食らう挨拶でしょう。女子部生の間には、卒業後も「外で学習院の方々以外にこの言葉は使わない」という暗黙の了解があります。かえって気を遣わせてしまう、お高く留まっているような印象を与えてしまう、といった気持ちがあるためです。

第4章　財政難を乗り越えて「普通の学校」へ――学習院の歴史Ⅱ

ＧＨＱとの存続交渉

戦後の日本では連合国最高司令官総司令部（ＧＨＱ）により民主化が進み、皇室の在り方も検討課題にあがりました。そのため、戦前は皇室を支える華族の子弟の教育を担った学習院、女子学習院とも廃止される可能性がありました。これを憂えた当時の宮内大臣、石渡荘太郎が「華族子女の教育」という設立根拠を捨てることで、生き残りをかけます。両学習院は１９４５（昭和20）年12月に学制を改正、翌１９４６（昭和21）年初めにはＧＨＱ民間情報教育局（ＣＩＥ）から、宮内省から離れるべきとの指示を受け、一般の学校となることで、廃止の危機から逃れることが出来ました。

しかし、すぐに別の難題が立ちはだかります。それまでの校地校舎や運営資金は皇室財産でした。ＧＨＱ経済科学局（ＥＳＳ）はそれらを国有財産だとして譲渡に難色を示します。学習院は交渉を重ね、目白や四谷の校地校舎、そして戦災で焼失した女子学習院の移転先となった、現在の新宿区戸山にあった近衛騎兵連隊跡地の下賜を認めてもらいました。ただ譲渡された運営資金は希望額の半分にも満たず、財政面の手当てが大きな課題でした。

新学習院の教育については、ＣＩＥとの交渉で「スクール・オヴ・ガヴァメント（School of Government Science）案」が提示されます。「初等科から大学までの一貫した課程において民主的な理念に基づく特別な教育を施し、ステーツマンシップと高い教養を具えた各界の指導者を養成する学校」という構想でした。

先に学習院は下記のような構想を描いていました。

㈠　個性を涵養し精神的貴族を作る学校たらしめ、指導者を養成する様な機関として特色ある学校としたし。

㈡　「経国済民」を普通教育として入れたし。社会事業、厚生事業の熱意をもつ様な教育（特に女子学習院に然り）。

㈢　民意暢達の私立学校、イートンの様な学校たることも結構なり。（略）（『学習院百年史』）

「イートン」とは英国の名門パブリックスクールです。こうした伝統的な名門校の教育を念頭に置いていたことが分かります。

学習院側とCIEの協議に参加した米国人関係者の中には、戦前の東京帝国大学で英文学を教えたアランデル・デルレ博士がいました。デルレ博士が示した下記の文書が、新学習院構想の素案になったとされています。

㈠　この学校の全般的基礎的原理は「ノブレス・オブリージ」の原則を教え込むことでなければならない。ここに「ノブレス」とは血統すなわち門閥に基づく貴族ではなく、精神的、知的な貴族を意味する。

㈡　学校は、上は専門学校に及ぶ一貫完成課程を具備すべきである。

㈢　入学試験は厳正でなければならないが、知力と品性に重点を置き、筆記試験より口頭試験を主とすべきである。志望者が財政上の理由で最低必要経費を払えない場合に、奨学金《スカラシップ》が利用できるようにしなければならない。

㈣　教育課程は、一方では最高度に自由な個性の発揮を促し、他方では個人ならびに共同の責任感を促すように工夫されなければならない。
㈤　この学校は「普通の」学校でなく、政治、経済あるいは経世（statesmanship）の実社会に於ても、文化、教育の場に於ても、指導者となるように訓練された人材を養成する「特殊な」学校であるべきである。
㈥　校内に在るものは勿論、関連あるものはすべて最良のものに限る。もとより贅沢や浪費ではなく、真に最高の標準を堅持するためである。（以下略）（同）

ここでは「ノブレス・オブリージュ」を教えることが基礎とされています。「ノブレス」とは、華族などの身分制度が廃止された戦後においては「精神的、知的な貴族を意味する」と明記されています。

「中興の祖」安倍能成院長

1946（昭和21）年10月には、前文部大臣の安倍能成《よししげ》が学習院長に就任します。安倍は戦前に京城帝国大学教授や第一高等学校校長を務めた哲学者、教育者で、一高の校長時代は軍部が進める在学年数の短縮に反対するなど、戦前から反骨精神にあふれた人物でした。戦後の文部大臣在任中は日本の教育改革をめぐってGHQ、米国教育使節団に堂々と自身の考えを述べてもいます。そんな安倍院長は生徒・学生たちと親しく接し「正直であること」の大切さを説きました。

1947（昭和22）年4月、学習院と女子学習院は合併して財団法人としての一つの学習院となり、女子学習院は学習院女子部となりました。同時期に教育基本法と学校教育法が公布され、新制の初等科（四谷）、男子中・高等科（目白）、女子中・高等科（戸山）となります。

制定された学習院の学則には次のようにあります。

「本院は総ての社会的地位、身分に拘らず、広く男女学生を教育することを本旨とし、人文教育の理念に基き、これ等男女に初等教育より高等教育に至る一貫した教養を与へ高潔なる人格、確乎たる識見並びに近代人たるにふさはしき健全にして豊かなる思想感情を培ひ、以て人類と祖国とに奉仕する人材に育成することを目的とする」（『学習院百年史』）

「スクール・オヴ・ガヴァメント構想」を中心に、身分や男女の分け隔てなく一貫教育を行い、社会と国に奉仕する人材を育成するとしており、名実ともに「普通の学校」となったことをうたっています。

安倍院長は１９４６（昭和21）年から亡くなる１９６６（昭和41）年まで、20年にわたりその任にありました。普通の学校となり、国の後ろ盾がなくなった当時の学習院は財政難で、安倍院長は自ら寄付金集めに奔走します。父母たちが戦災で焼け残った品を持ち寄って開いた復興バザーで、被災した校舎の復旧・改修費を捻出したほか、学内の樹木を薪や炭用に伐採して、教職員にボーナス代わりに配るなど、少しでも収益を教育に回そうとの苦心が続きます。卒業生や父兄、企業に寄付金を募る「一千万円募金」「三千万円募金」といった資金集めも１９４８〜４９（昭和23〜24）年にかけて行われたとのことです。

安倍院長は当時の心境をこう書き残しています。

「毎朝起きて、ああ今日も寄附をもらいに廻るのかと思うと、憂鬱になってしまったが、だんだんやって居る中に、金持でも銀行でも会社でも、何も学習院に寄附しなければならぬという至上命令はない、まあ寄附しないのが当り前で、寄附してくれれば有難いのだ、という生悟りを開いて、それからは気持が楽になり、だんだん『人を見たら寄附と思え』という、ずうずうしい気持ちにもなってきた」（『学習院百年史』）。もとは安倍能成『戦後の自叙傳』新潮社、1959）

安倍能成

こうした日々に嫌気が差したのか、安倍院長は一時、辞意を表明します。1948（昭和23）年3月のことで、兼任していた国立博物館長に専念したいと、後任の人選まで済ませていました。結局、辞意は撤回。当時の心の揺れを安倍院長は後にこう語っています。

「木から落ちた猿のような学習院をやってゆく苦労は、博物館の比ではない」「私は振子のようにいくたびか、あっちにふれたりこっちにふれたりして」「自分の難を棄てて易に就こうとする心持を肯定しかねて、最後にまた学習院に落ちつくことになった」（『学習院

アーカイブズ」ニューズレター第6号、２０１５年7月22日発行。もとは東京日日新聞１９４９年２月21日付け記事）

安倍院長を支えたのは、「学習院の仕事は、日本の戦後復興のための仕事である」という「気概」だったのかも知れません。その心意気は、新制大学の開学のメッセージや、後に自ら作詞した「学習院院歌」にも表現されています。作詞は、著名な作家で卒業生の武者小路実篤や三島由紀夫に依頼する案も検討されましたが、後に学習院大学長となる児玉幸多の勧めもあって自作することになりました。

当時のインタビューで安倍院長は「（詞は）二、三ヶ月も考えてやっとできた」「私の学習院学生及び日本国民に寄せる願いを披歴したものである」などと答えています。戦災で焼失した学習院が、文字通り廃墟の上に立ち上がっていく様子、学生および国民への勇気を託した歌詞でした。作曲家の信時潔が曲をつけ、今も歌い継がれています。

1・もゆる火の　火中に死にて　また生るる　不死鳥のごと
破れさびし　廃墟の上に　たちあがれ　新学習院

2：花は咲き　花はうつらふ　過ぎし世の　光栄ふみしめて
まなかひに　世界ををさめ　現実を　生きてし抜かん
3：なげかめや　昔を今と　荒波よ　狂はば狂へ
黒雲よ　ゆくてはとざせ　我が胸は　希望高鳴る
4：二つなく　享けし我命　おのがじし　育て鍛へて
もろともに　世にぞ捧げん　常照らせ　真理と平和

新生学習院の象徴

次に安倍院長が取組んだのが、４年制大学の開学でした。新生学習院の象徴として、戦後日本の礎としようとしたのでしょう。ＣＩＥと合意した「スクール・オヴ・ガヴァメント構想」に基づく、初等科から大学までの一貫教育を実現させるため、１９４９（昭和24）年に新制大学を開学、文政学部（政治学科、哲学科、文学科）と理学部（物理科、化学科）が発足しました。初代学長と文政学部長は安倍院長が兼ねました。自ら学会の重鎮や選り抜きの中堅・若手など優れた教員を招き、志願者獲得のための講演旅行を行うなど精力的に動きました。

院長のまとめた設立趣意書には、次のように書かれています。

「本院は特に私立大学の新日本に於ける使命を痛感し、間口は狭くとも奥行があり内容の充実した特色ある大学を作ることを志し、ほんたうに真理をめがけ、一方に学問の研究、他方にその現実の社会人生との生きた関連に力点を置くことを期する」

「国際的知識の養成、外国語の錬熟と共に世界と国内との生きた現実の理解、更に進んでは文化国家としての日本の遠大な理想たる東西文化の融合」

「本院大学の創設が敗戦日本の再建の一礎石とならんことを祈りつつ、多大の困難を前途に予想しつつ勇んで新たな船出につかうとするのである」（『学習院百年史』）

こうした経緯から、学習院大学は、「リベラルアーツ5学園」の一角に数えられます。学習院、成城、成蹊、武蔵、甲南の5大学で、1918（大正7）年に公布された第二次高等学校令で設立された、中高一貫で7年制の旧制高等学校（学習院は8年制）がルーツです。1894（明治27）年の第一次高等学校令で設立された旧制高校が特徴とした「バンカラ」（学生服、破帽、下駄、マント）を継承せず、英国のパブリックスクールとドイツのギムナジウムを模範に紳士的でスマートな文化を持っていました。「自分で考え創造できるリーダーの育成」も教育のポイントでした。体育会系部活動の交流も続いており、成城、成蹊、武蔵とは1950（昭和25）年からスポーツの「四大戦」を、甲南とは1956（昭和31）年から総合定期戦が行われています。

上皇陛下は中退に

学習院大学が普通の大学となった象徴的ともいえる出来事が皇室にありました。当時は皇太子だった現在の上皇陛下（明仁親王）が、単位不足で進級できず、「中退」となったのです。明仁親王は1952（昭和27）年に高等科から大学の政経学部に進学し、翌1953（昭和28）年3月、昭和天皇の名代として、英エリザベス女王の戴冠式に参列するため、米国を経由して英国に渡りました。戴冠式は6月に行われ、明仁親王は欧州各国を周遊し、同年10月に帰国します。

この時、教授陣からは「取得した単位を考えると、皇太子は大学3年に進級できない」との声が上がりました。進級に反対する教授の中に社会学者の清水幾太郎がいました。清水は、皇太子といえども、他の学生と同じように扱うべきと考えたのでしょう。

いっぽう安倍院長は、「個別の講義を活用すれば皇太子の進級は可能」と考えていたふしがありますが、結局は取り下げ、明仁親王は退学し、以後は聴講生として通うことになりました。

用地確保の大行進

ここからは学習院女子中・高等科について見て行きましょう。

第2章で述べた通り、女子学習院は、1946（昭和21）年3月、新宿区戸山に移転しました。移転には、様々なドラマがありました。

1945（昭和20）年5月の空襲で、女子学習院の青山の校舎は焼失してしまいます。本来であれば同じ場所に再建するのが筋ですが、皇室財産だった青山の敷地は凍結されてしまいます。戦時中に使っていた目白の徳川邸や、音羽の護国寺などの仮校舎では間に合いません。急ぎ別の場所を確保する必要がありました。

教員たちが目を付けたのが、終戦により軍が解体され、不要となった陸軍・海軍の施設です。いくつかの候補の中、残ったのが戸山の近衛騎兵連隊跡地でした。近衛騎兵連隊の敷地建物は、1946（昭和21）年3月までは宮内省の管轄下にありましたが、戦後の混乱期で、「附近の住民が土手を超えて入り込んで、防空壕を崩して燃料になる木材を漁っていた」と当時、移転に携わった工藤祐基教諭が書き残しています（「ふかみどり」34号、２０１５〈平成27〉年）。

工藤教諭たちは「敷地を確保するための既成事実を作ってしまおう」と、各地に散らばる生徒たちを、一気に戸山に移動させることを敢行します。

「三月十三日、折から降りしきる雪の中を、初等科と中等科は音羽から、高等科と研究科は目白から一挙に乗り込んで、十五万平方メートルの土地を確保するという事を敢行した。そして将校集会所の玄関に『女子学習院本部』という看板を掲げた。我々はこれを『雪中の進駐』と称した」（同）

残っていた施設を校舎として同年4月から授業を始めます。ですが、窓ガラスは破損し、机も、電灯も暖房器具もない状況でした。各室にあった黒板を流用して、膝の上でノートや教科書を開いての授業です。はびこる南京虫やノミ、シラミにも悩まされたとか。敷地内にあった馬場は、畑としました。残っていた馬糞や藁が良い肥料になったそうです。

１９４７（昭和22）年1月から校舎の改修工事に入ります。宮内省に予算を申請、宮内省は理解を示したものの、ＧＨＱの承認が難航必至で、大幅に削られる可能性がありました。そこで、ある生徒の母親の案内で、ＧＨＱの将校が、夫人同伴で参観に来ました。

「実情を見て驚いたらしい。一番ビックリしたのは兵営時代そのままの便所だったそうである。これが女子の学校かと、殊に夫人が非常に同情していたという。それからあらぬか間もなく最初の予算が全額復活した」（同）

工事は2カ月余で終わり、とにもかくにも教室として使えるようになりました。当時は物資不足で、新聞紙を利用した手製の教科書も使っていたそうです。戦前は別組織だった学習院と女子学習院は宮内省管轄下を離れ、合併して財団法人学習院となります。女子学習院は「学習院女子部」となり、１９４７（昭和22）年4月から学習院女子中・高等科になりました。１９５１（昭和26）年には学習院は学校法人に組織変更します。

戸山の土地と建物は1966（昭和41）年に学習院が国から買い取りました。

生徒数を増やし授業料収入確保

戦後の体制が整い始めるのは1949（昭和24）年頃からです。女子中等科4学級（東、西、南、北の各組）、女子高等科3学級（東、南、北）、1クラス40人未満の少人数教育が基本でしたが、厳しい財政状況の下で、少しでも授業料収入を増やさなければならない事情がありました。そのため1クラスの定員は48人に拡大。クラスも増やし、現在の中高とも東西中南北の5クラス編成となる原型ができました。1957（昭和32）年に発行された生徒手帳には下記の生徒心得が定められました。今も生きている内容です。

一、自分を大切にする
一、人の役に立つことをする
一、身のまわりを整える
一、美しいことばを使う

一、姿勢を正しくする
一、身だしなみに気をつける

1950（昭和25）年には、学習院女子部の構内に、学習院大学短期大学部が創設されました。後の学習院女子短期大学、現在の学習院女子大学の前身です。4年制の大学、共学の大学に娘を行かせるのをためらった女子高等科父兄からの強い要請が背景にはありました。

きっかけは1948（昭和23）年、目白に設けられた1年制の「学習院女子教養学園」です。

一般教養と家庭の技能を教える学校で、戦時中に十分な教育を受けられなかった旧制高等女学校の生徒たちが中心に集まりました。こちらは短大発足により、1952（昭和27）年に廃止になりました。

また戦後間もない頃に、女子高等科には「普通課程」とともに「家庭課程」が併設されていた時期がありました。高校卒業後に、家庭に入る女性を対象にした課程で、家事に関する授業が多く、数学や外国語など一般科目の履修数が少ない構成でした。普通科と比べ学力が伴わないことと、進学希望者の増加で1951（昭和26）年度には廃止が決まりました。

「女子は学校を出たらお嫁に行く」という慣習が、戦後の高度経済成長を経て次第に上級学校への進学志向に変わっていきます。

1959（昭和34）年が、学習院女子高等科から短大へ内部進学する最大のピークでした。女子高等科の卒業生199人中、学習院大学に88人、女子短期大学に65人が進学しています。これが約20年後の1978（昭和53）年になると卒業生232人中、大学に200人、短大に3人と激減します（『学習院百年史』）。実に9割近くの生徒が内部進学をしており、55％となった2022（令和4）年と比べると隔世の感があります。

ただ短大には別の側面もありました。私が高等科に在籍した1980年代後半は「女性が有名企業に入りたければ短大の方が良い」という時代で、実際に先生方からも「就職したいのなら短大に行きなさい」と言われたことを覚えています。男女雇用機会均等法が施行される前後のことで、男性と同じ「総合職」で大卒女性が一流企業に入ることは困難で、補助職である一般職で、短大卒の方が入りやすいという現実がありました。そのために、あえて短大を選んだ生徒たちも少なからず当時はいたのです。ただ企業としては結婚退職までの前提での採用ですから、多くが20代で退職し家庭に入りました。

時代とともにニーズは変わります。18歳人口の減少と、女性の４年制大学志向の強まりで、短大から大学に編入する学生が増えたこと、さらに全国的にグローバル教育を志向する大学が増えてきた中で、女子短大は１９９８（平成10）年に学習院女子大学に改組、国際文化交流学部が発足しました。学習院大学で同様の国際社会科学部が創設（２０１６）されるよりずっと前のことでした。独自の同窓会組織「草上会」を持っています。

出身皇族では短大時代に常陸宮妃華子さま、現上皇の姉である池田厚子さん（順宮厚子内親王）、女子大では三笠宮瑶子さま、高円宮承子さま（中退）が在籍されていました。

昭和を経て、平成時代、21世紀以降の学習院女子部は、変化し続けています。最大の変化は、皇族・華族の学校というイメージが薄まり、多様性を認める、私学女子校としての存在感を高めていることではないでしょうか。入試改革がその要因とみることができます。

中高一貫教育を推進するため１９９８（平成10）年には、それまで高等科から募集していた1クラス分の入試を停止。中等科の募集定員をその分だけ増やし、中1から高3まで全学年5クラス、各40人の体制が固まります。2005（平成17）年には中等科入試を2月1日のA入試、3日のB入試の2回に分けることとなります。より優秀な生徒が集まるようになり、それが内部進学者への良い意味での刺激となりました。その結果、他大への進学率が高くなっているのは先に述べたとおりです。

さまざまな推薦入学の制度があり、最終的に内部進学を滑り止めとするような流れも生まれつつあります。学習院女子部は、進学校の一つに名を連ねていくことになるのかもしれません。

トリビア④　宮様方の呼び名

皇族方をどうお呼びするか、は先生方の間でも議論がされてきました。

名簿には「○○内親王」と記載されています。女子部で長く教えた教員によると、秋篠宮佳子内親王までは「○○宮様」と呼んでいました。秋篠宮家としては、普通の家庭のように「秋篠宮さん」と呼んでほしい、という希望があったそうです。ですが、女子部として「皇族としての自覚を持っていただきたい」という、当時の科長（＝校長）の方針があり、そのようにしたそうです。

愛子内親王から「敬宮《としのみや》さん」と名字のように呼ばれるようになったとか。

第5章　「常磐会」会誌「ふかみどり」を読む——歴史の証言者

美智子さま、雅子さまは「入会不可」

学習院の同窓会には、幼稚園から大学院まで、全ての卒業生が入る「桜友会」があります。いっぽう女子には別の組織があります。学習院女子短期大学と、短大が改組された学習院女子大学は「草上会」、そして女子高等科卒業生は「常磐会」という、華族女学校にルーツを持つ同窓会があります。

「常磐会」は華族女学校で1895（明治28）年に創立されました。すでに130年近い歴史を持っています。会の命名は当時の細川潤次郎校長で、「樹木の葉が常に緑であるように、いつまでも変わらない友情を保てるように」との願いをこめた名称でした。

当初は卒業生が集まってお稽古事などを行う親睦会としての性格がありましたが、次第に名士夫人たちの「ネットワーク組織」として機能していくようになります。戦時下では軍の慰問に努めるなどしており、夫のため、家のため、ひいては国家のために、会員たちは大いにネットワーク力を発揮したことでしょう。戦後に学習院が一般学校となった後も、歴史ある「常磐会」の会員であるということは、卒業生たちの密かな誇りとなっているといえましょう。

最初は56人でスタートしたという常磐会の会員数は、現在約14000人を数えます。現在では女子高等科卒業生が自動的にメンバーとなり、2023(令和5)年4月には135回目の卒業生となる約200人が加盟しました。

他の組織と決定的に異なるのは、女性皇族の多くが会員に名を連ねていることでしょう。戦前は、香淳皇后、高松宮妃喜久子さま、三笠宮妃百合子さま、戦後は常陸宮妃華子さま、秋篠宮妃紀子さま、そして天皇家の敬宮愛子さまはもちろんのこと、秋篠宮家、三笠宮家、高円宮家のお嬢様方は皆様、例外なく会員です。常磐会の2023年現在の会長は竹田恭子氏で、旧竹田宮家ゆかりの方、名誉会長は三笠宮家出身の近衛《このえ》甯子《やすこ》氏で、生前の香淳皇后が長く名誉総裁を務められました。

かつては皇族の「お妃選び」にも関与、上皇后の美智子さまが皇太子妃に選ばれた経緯では、平民で常磐会会員ではない、という事実に香淳皇后が難色を示した、という

「都市伝説」がまことしやかにささやかれました。皇太子妃の発表があった直後の1958（昭和33）年12月、昭和天皇の侍従長だった入江相政《すけまさ》が残した日記に、当時の常磐会会長、松平信子（秩父宮雍仁親王妃勢津子さまの母）が、柳原白蓮と組んで「今度の御婚儀反対を叫び愛国団体を動かしたりした由」と記されていたことが根拠とされています。浅見雅男氏は「敗戦から十数年しか経過していないこの時期には、人間関係のうえでまだまだ学習院と関係が深い人々の中には、国民の多くが大歓迎した美智子嬢の皇室入りを面白く思わない雰囲気があったことはたしかであろう」と分析しています（前掲『学習院』）。

その名残だったのか、昭和時代の終盤から平成時代の初頭にかけて進んでいた、現在の天皇陛下のお妃選びにあたっては、筆者の同級生たちの多くが候補として浮上しました。旧宮家や旧華族・大名など、名字を聞けばすぐ出自が分かるような名家の人たちです。自宅や通学路で報道陣が待ち構え、かなり嫌な思いをした、という話を本人たちからよく聞きました。ある友人は「わざと違う道から帰って記者をまいた」と話していました。皆さんほぼ例外なく、皇室に嫁ぐことには難色を示していたように思います。ある意味、多少の事情を知る立場にあるからこそ、嫁いだら大変なことになる、と分かっていたのかもしれません。

雅子さまの皇室入りで、「学習院出身＝お妃候補」というイメージも薄れたでしょうか。美智子さまは聖心女子学院、雅子さまは田園調布雙葉と米国の高校、ハーバード大から東大というご経歴です。勿論お二人は常磐会会員ではありません。お二人が会員になることを希望されたかどうかは分かりませんが、たとえ皇后といえども、卒業生でなければ入会不可、名誉会員などの制度はありません。そんな意味でも常磐会は誇り高い組織といえそうです。

現在の事務局は新宿区戸山の学習院女子部内にあり、在校生と卒業生の交流拠点になっています。コロナ禍前は、親睦組織として華道などのお稽古事やバスツアー、各方面で活躍する卒業生による講演会や音楽会などを企画していました。

家庭の事情で学費が払えなくなった生徒を対象とする奨学金制度も運営しています。コロナ禍前は、募金を集めるチャリティバザーを、学習院女子部の学園祭「八重桜祭」と同時開催していました。83歳以上は「菊寿会」という親睦会に加盟、常磐会から長寿のお祝いをする集まりもあります。

会員は多種多様

会員には多くの著名人が名を連ねています。筆頭はアーティストのオノ・ヨーコさんでしょうか。初等科から大学まで学習院で、哲学科を中退し、米国の大学に転じています。

意外かもしれませんが政治家もいます。婦人運動家・政治家の加藤シヅエと、先に紹介した、タレント議員の藤原あきは同時期に国会議員として活躍。華道家元の夫人でありながら代議士となった池坊保子さん、最近では東京五輪・ワクチン担当大臣を担った堀内詔子《のりこ》さんなど。官僚も輩出しており、女子部から東大に進み、旧大蔵省に入った石井菜穂子さんは、女性官僚がまだ少なかった時代のパイオニアです。財務省や経済産業省の課長クラスや、在外公館で活躍している人もいます。女子高等科を卒業し、東大もしくは慶應など他大に進んでの就職のようです。

東大教授で日本近世史の専門家である松方冬子さんは田安徳川家の出身、現在の天皇陛下の「お妃候補」として名前が上がったこともあり、ご両親が研究者で、女子部から東大に進みました。浮世絵研究で知られる国学院大学教授の藤澤紫さんは幼稚園から大学院まで学習院で、女子部時代から美学や浮世絵が好きであり、その道を究めました。

作家・文筆系では白洲正子、在野の民俗学者である吉野裕子、森村桂など。森村桂は在学中の思い出を、通学時のトロリーバスなど、当時の昭和の風景とともに多くの作品に書き残しています。

オノ・ヨーコさんに次ぐ芸能・アーティスト系としては、小津安二郎監督「東京物語」（1953）でも知られる女優の東山千栄子や、仁科亜季子・幸子さん姉妹、エッセイストの安藤和津さんと娘で映画監督の桃子さん、女優のサクラさん姉妹。TBSアナウンサー出身のタレント小島慶子さん、モデルから女優となり、DIYや料理にも才能を発揮するマルチタレント・とよた真帆さんなど。意外にも宝塚音楽学校に進む人も少なくなく、女子部側も受験や進学を許容しています。「清く正しく美しく」のしつけが徹底しているとされる宝塚は、退団後に「良家の嫁」として引っ張りだこでもあるからでしょう。例えば女子部から転じ、娘役として活躍した星蘭《せいら》ひとみさんは、トヨタ自動車・豊田章男社長（当時）の長男・大輔氏と2021（令和3）年に結婚したことが話題になりました。

創刊は明治43年

「常磐会」が発行している会誌が「ふかみどり」です。創刊は1910（明治43）年で、2020（令和2）年までに35号が発行されています。明治から大正、昭和にかけては頻繁に発行されていましたが、戦時下で中断、戦後の再開を経て、1980（昭和55）年以降は5年に1度の刊行となりました。通算110年以上も続く同窓会の会誌は、日本では他に例がないのではないでしょうか。草創期の会員たちが「単なる会誌にしたくない」との思いで編集。そのため明治時代から戦前にかけて、当時の上流社会の貴婦人たちが寄稿した内容は、各々の時代を切り取った貴重な資料となっています。現在に至るまで、女性皇族の寄稿が紹介されていることも貴重で、まさに一級の資料といえます。非売品で会員（卒業生）にのみ配布され、国立国会図書館にも所蔵はありません。学習院女子部の常磐会事務局に所蔵がありますが、閲覧できるのは原則として卒業生のみです。ごくまれに古書市場に流れ、筆者が購入したのは10数冊で15万円という高値でした。『お祖母ちゃんが亡くなったので蔵書を処分したい』という家庭からたまに出てくる」と古書店で聞きました。

一般には知られていない「ふかみどり」の内容をご紹介します。なお、以下の引用については、「はじめに」でお断りしたように旧仮名遣いや漢字の字体を一部、現代表記に改めたほか、読みやすさを考えて一部の用語も現代語訳のようにしています。そのため厳密な意味での引用とは異なる点はご容赦ください。

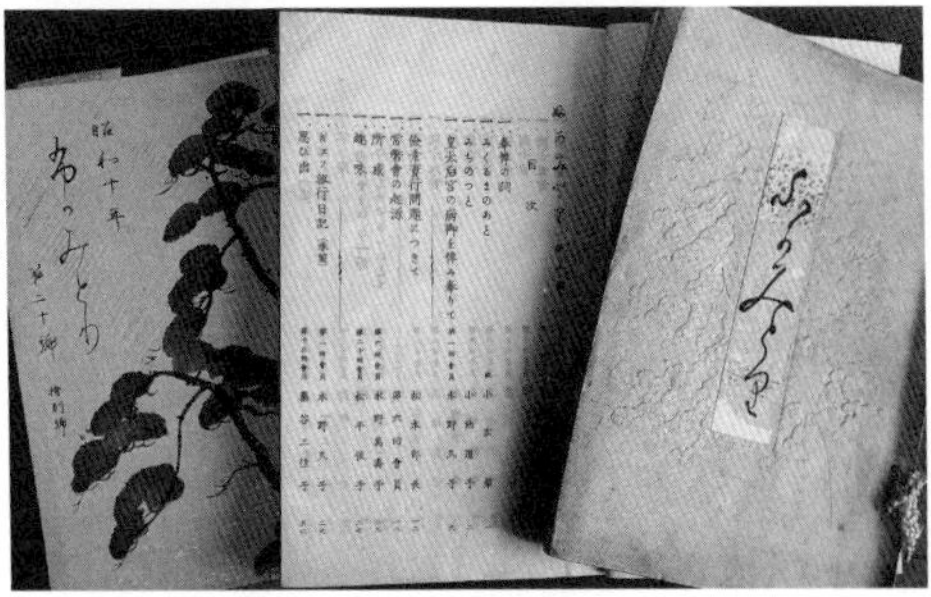
「ふかみどり」

創刊号は半紙を二つ折りにした和綴じの冊子です。流れるような毛筆が、雅な言葉を刻んでいます。命名は「常磐会」の名の由来を参考にしたようで、創刊号の説明によると、年月を重ねるごとに緑の色を増す常緑樹のように、常磐会会員として深く色づいていきましょう、という思いを重ねたようです。

女性皇族に関してはその動向や御歌、寄稿などが紹介されています。例えば1934（昭和9）年発行の19号では、巻頭グラビアで、皇后（香淳皇后）にとって初めての男子である皇太子（現在の上皇陛下）へ、常磐会から同年に献上した能舞台付きの人形戸棚と人形がカラー写真で掲載されています。同じ号には皇太后（貞明皇后）が同年5月に女子学習院に行啓した際の様子が紹介されています。常磐会の総会が開催された日で、各宮家の妃殿下方が同行、会員たちの手により生け花や絵画、編み物、革細工などが陳列され、会員有志による薙刀の実演もありました。

貞明皇后は九条公爵家の節子《さだこ》姫として当時の華族女学校に通い、香淳皇后は久邇宮良子女王として当時の学習院女学部に通っており、卒業生でもあるということで手厚い紹介だったのでしょう。

１９３６（昭和11）年発行の20号は、１８８５（明治18）年の華族女学校開校から数えて50周年の節目を記念した特別号で、１９３５（昭和10）年に行なわれた記念行事の一部が紹介されています。一連の行事は、11月12日の明治神宮（明治天皇と昭憲皇太后がまつられています）と多摩御陵（大正天皇陵）への、生徒たちと常磐会会員有志たちによる参拝から始まりました。13日から16日にかけて、記念式典、展覧会、学芸会、物故者慰霊祭と続き、14日の学芸会には皇太后（貞明皇后）も臨席しました。様子は巻頭グラビアに12ページに渡りモノクロで紹介されています。

１９３８（昭和13）年発行の22号の巻頭グラビアは、それまでの華やかさから一転して、出征する陸軍兵士への慰問として会員たちが製作した靴下の山と参加者の写真が

「想へ戦場　護れ銃後」といったキャプションとともに紹介されています。緊迫した時代に移ったことが偲ばれます。

乃木希典と下田歌子が寄稿

１９１０（明治43）年発行の創刊号では巻頭に下田歌子が「深緑発刊につきて」という論考を寄稿しています。下田は創刊の３年前の１９０７（明治40）年、乃木院長との軋轢などを背景に退官していますが、それでも巻頭に言葉を寄せているのは、会員たちに大変、慕われていた証《あかし》でしょう。下田は会員の、上流社会の婦人としての「あるべき姿」を説いています。

「本会はすなわち、旧華族女学校、及び、現学習院女学部卒業諸君の団体にして、我が国上流婦人の集合なり。常に社会の潮流の外に超然として立てり。而して、国家一旦緩急ある時は、期せざるに会し、勤めざるに集まり、直接に、間接に、公益のために義憤し、博愛の情を発輝せらる」

「国家の危機においては、博愛の情をもって社会のために直接・間接的に支援せよ」という意味になるでしょうか。明治のお嬢様の「ノブレス・オブリージュ」です。

そして乃木希典院長が、常磐会の席上で行った講話が一部再録されています。1909（明治42）年11月、タイトルは「婦女の本務」でした。

「本会の如きは一年に両度も集まり、旧友や、学校のことを忘れずして、以前同じ学の窓に、集いおりし折のことなど、語り合うものなれば真に結構の事と思う」

「諸事を質素とするは大いに宜しく」「かかる会合には面白く且つ楽しきことも必要ならんが、一分か二分かは苦き御話も、先生方に御要求なされて、其趣意を記して遠方にある朋友に送らるることも、甚だ利益あることとならんと存ず」

旧交を温めあうのは良いが、たまには先生方にお願いして苦言も頂戴し、遠方の友人にも伝えるように、という意味でしょう。下田を慕う会員たちには、耳の痛いお話だったかもしれません。

常磐会の初代会長の本野久子は、「ふかみどり」を、「最初の会員達が世間ありふれた普通の雑誌にしたく無いと申て種々意匠をこらして雑誌の体裁も亦内容もなるべく高尚にし、読んでしまった後も大切に取ておかれる様なものにしたいと骨を折って作ったのでございます」と1922（大正11）年発行の8号に書いています。世間にありふれた会誌にはしたくなかったのでしょう。

本野は華族女学校の一期生で、下田歌子の桃夭学校から移籍した一人です。明治〜大正時代の外交官で、駐ロシア大使も務めた本野一郎の夫人で、随行先の海外での滞在記を多く寄稿しています。創刊号の巻末にある生徒一覧表によれば1910（明治43）年当時、幼稚園から専修科までの生徒数は644人、うち皇族が7人、華族が半数以上の362人、士族が3割弱の182人、平民が約15％の93人という構成でした。

乃木院長の気さくな素顔

常磐会会員にはあまり好かれていなかった（?）乃木院長ですが、1912（大正元）年9月の明治天皇の大喪の日に、静子夫人とともに自刃したことは、常磐会会員にも大きな衝撃を与えました。1913（大正2）年発行の4号は乃木院長の追悼特集号で、寄稿の中からは生前の意外な素顔も浮かび上がります。次は乃木家と家族ぐるみの付き合いがあった卒業生の寄稿です。

「私の思い出」 某

「女学部の卒業生の中には誰いうともなく、院長は女子がお嫌いなので女学部の方はあまりお構いにならないという噂が御座いましたが、私は決して、故院長が、女子教育に無頓着ではいらっしゃらなかった、と信じております」

「日露戦争の起こる前年の事と存じますが、ある日閣下が突然、我が家へお馬でお出でになりました。背嚢にヘルメット帽、長靴を召して馬丁も連れず馬を玄関の脇にご自分でお繋ぎになりました」「取次に出た下女に『これをお子さん方に』と新聞紙に包んだ物を無造作にお渡しになりました。それは藤村（筆者注：和菓子屋）のお菓子の折で御座いました。閣下は彼の店にお立ち寄りになってお求め遊ばしたものと見えます」

「その後、日露戦争で両典様（筆者注：令息の勝典・保典）をお亡くし遊ばした時、母がお悔やみに上りまして、（筆者注：静子夫人に）ご霊前に御拝をと申し上げましたらば『霊前とて別に飾っては御座いません。ここに』と仰せられてお戸棚にお二方の御遺骨の箱を仕舞ってあるのをお見せになり、かえって私の従弟の戦死のお悔やみを仰せられたので母はその気丈なのに今更ながら驚き入ったと帰って私共に話しました」

知人宅に一人でふらっと立ち寄り、菓子を届ける気さくな将軍像、そして令息二人が戦死しても軍人の妻として気丈、かつ控えめな静子夫人の姿が目に浮かびます。この卒業生は乃木夫妻の自刃後、自宅に安置された二人の遺体にも対面しています。

「お二階に参りますと、御自刃の間のお次に北枕に御遺骸がいらっしゃいました」「閣下の大理石のようなお顔が、半白の御髪《おぐし》と五分寸ほど延びたお鬚の中に拝まれました。いかにも安らかにお眠り遊ばしたようで、お口のあたりには微笑みさえお浮かべあそばされていました」「次に奥様を拝ませていただきました」「お髪は少し白くていらっしゃり、いつものように、しっかり遊ばしたお顔ばせ、露ほども取り乱した御気配もありません。人の最期はかくあるべきものと深く心にしみいりました」

意外なのは静子夫人に「スピリチュアル」な霊能力があったらしいことです。あらかじめ「日露戦争の勝利と引き換えに息子二人が戦死する」と神託を受けたという、生前に夫人から打ち明けられた「秘話」を、ある会員が綴っています。
夫人は「大そうな敬神家」で、神の声が聞こえるといった話を時々しており、日露戦争中に勝利を祈願していた時には、「汝の望みはかなえてやる。その代わり汝は二子を失う」との神託を受けたこともありました。そのためか、実際に子息二人が戦死しても驚かなかったという逸話が掲載されています。

植民地からの報告

1911（明治44）年発行の2号には当時、日本領だった台湾からの報告があります。台湾は1895（明治28）年の日清戦争後、清から割譲され、台湾総督府が統治する日本領でした。日本が世界の列強になろうとしていた時期の報告には、戦勝国だからだったのか、今の時代からみれば差別的な表現が目立ちますが、当時としては常識的な表現でしょう。

「台湾の風俗」　第10回卒業生

「台湾の婦人は支那南部、広東及び福建地方より移住しており、自ずと風俗、習慣、性格において余程、変わっているようでございます」「支那人の特長として、婦人は室内に籠って何もせずに食事をして暮らすのが本分で、外に出て働くことは嫌うようでございます」

「纏足して、足先のみでチョロチョロ歩きしか出来ない婦人を優美として、この習慣がある福建の婦人を上流のものとしております」「男子と共に戸外に出て、自分の職業に従事する広東の婦人を賤しむ風であります。最も下流の広東の婦人は常に労働をしています」

1916（大正5）年発行の6号には、中華民国時代の満州からの報告があります。

「満州本渓湖」　第13回卒業生

「支那の婦人は、なかなか人をもてなす事は上手だと見受けられます。住宅を汚くしていても驚かないかわりに、化粧はいつもきれいにしており、料理はボーイまかせ。ただ裁縫するくらいが仕事で、靴は自分でおもに作っています」

「満州土人の婦人は、まるで男子のように体格もよく足も大きく、髪は稚児輪（筆者注：ちごわ・頭上に二つの輪を作った子どもの髪の結い方）のように結び、花かんざしをさし、若い人は清朝時代そのままに頬紅を赤く塗っています。外出する折は必ず、長い長い煙管《きせる》を持ち、衣類は浅葱木綿（筆者注：無地の木綿）でも靴だけは刺繡をした見事なものを履いて歩く様子は実に活発でございます。それに家庭においては、女性の権力の強いこと驚くばかりです」

本渓湖は現在の遼寧省本渓市に当たります。良質の鉄鉱石、原料炭、石灰石に恵まれた地域で日本の旧大倉財閥が進出、この報告が出た頃は、日清の合弁事業による炭鉱と電力供給設備、製鉄所が稼働し、日本の軍需産業を支えていました。そんな土地へ夫に随行した婦人たちの、素直な驚きを表現した報告でしょうが、少なからず、地域の支配者である夫の見方に左右されていたことでしょう。

浮世絵研究者の「米国婦人観」

海外に出たのは夫の随行者ばかりではありません。平野千恵子は大正〜昭和前期の浮世絵研究者で、華族女学校を経て津田梅子の女子英学塾（現在の津田塾大学）を卒業、米国に渡りボストンのシモンズ・カレッジを卒業して１９１６（大正５）年にボストン美術館東洋部の助手になりました。1939(昭和14)年に、江戸時代中期の浮世絵師に関する「鳥居清長の生涯と其作品」を発表しています。平野は1918(大正7)年発行の7号に「戦時の米国婦人観」を寄稿しています。当時の日本人女性と違う、現実的でたくましい米国人女性に「見習うべし」といった先進的なメッセージでした。

「戦時の米国婦人観」 平野千恵子

「日本人にはちょっと妙に思われますのは、多数の若い婦人が、競って兵士と結婚する事でございます」「わずか一、二週間や一、二カ月の知り合いの軍人が今、出征しようとするときに結婚致します」「いつ終わるか知れない戦争から帰るまで待てないとの事」「若い寡婦もたくさんできるのでございますが、貧困な婦人はこれで扶助料(筆者注:遺族年金)が受けられるからよいのだと。物質的なこの国の人の気質をよく現わしています」

「ニューヨークのあまり頻繁に走っていない電車には、女子がカーキ色の服を身につけて車掌をしています。建物の昇降機《エレベーター》も婦人が操作しており、海兵団(筆者注:港の警備をする部隊)には婦人の兵士が水兵服のようなのを身に着けて任務についております。そのほかの職業にも婦人が男子にかわって働いております。この国では婦人の体質もよし、その上で男子と一緒に教育され、同じ種類の職業にも携わっていますので、こんな場合にもさほどの困難を見ないのでございます」

現実的な米国女性のたくましさ、男性と変わらない働きぶりは、当時の日本とは全く異質だったでしょう。この後は米国女性たちの仕事ぶりから、日本人の、特に上流社会の「お姫様」の様子を痛烈に皮肉っています。

「高い教育のある婦人（筆者注：上流階級の婦人たち）も篤志看護婦として多数が欧州（筆者注：第一次世界大戦の戦場と推測される）に渡るので、不馴れな『お姫様』は、かえって業務の進捗を邪魔することになるので、十分な健康と経験のないものは渡欧を許さない、ということにまでなりました」

「笑って我が子を戦場に送った母や、卑怯な夫を激励して軍務に就かせる妻の、健気な話などはこの国ではきかれません」「日本婦人もいっそう健康を増進して、なにかことが起きた場合は男子のかわりも出来るようにしたいものでございます」

もしかしたら平野は、常磐会会員ら日本人女性の戦争に対する取り組みが、見かけだけの偽善で、「お嬢様の戯れ」に近いととらえていたのかもしれません。当時の日本ではなかなか発言しにくい内容だったでしょう。そんな意見も掲載する「ふかみどり」は、懐の深い会誌だったともいえそうです。

宮本百合子の母の欧州訪問記

昭和初期の1934（昭和9）年発行の19号には、プロレタリア作家、宮本百合子の母、中條葭江《ちゅうじょうよしえ》の追悼特集があります。宮本百合子は中條の長女で共産主義に傾倒しソ連に渡航、欧州に滞在していました。後に日本共産党に入党し、書記長や委員長を歴任した宮本顕治の妻となります。葭江は大正時代の著名な建築家、中條精一郎の妻で、明治時代の教育者で華族女学校校長もつとめた西村茂樹の次女です。宮本百合子の実家が、学習院と縁が深かったとは意外です。中條は才媛で、文筆家としても知られていましたが病没します。その才能を惜しみ追悼特集が組まれたのです。

巻頭グラビア写真が慰問靴下だった1938（昭和13）年発行の22号では、前年の1937（昭和12）年7月7日に起きた盧溝橋事件当時の、大連におけるルポがあります。

大連は遼東半島の最南端にある港湾都市で、満鉄（南満州鉄道）の本社がありました。満鉄は、多くの産業に進出し、日本の植民地支配の拠点でした。「ふかみどり」によると当時、大連に常磐会会員は78人もおり、満鉄か日本の軍関係者の家族だったのでしょう。そんな「銃後の女性たち」と戦争の緊迫した風景が描かれています。

「大連だより」　第27回卒業生

「当地の大連、あるいはそのほかの沿線各地より、出征兵士と同じように、満鉄社員が現場から、取る物もとりあえず戦地に出て行った人たちが五千人ほどもございます」「軍人と同じ覚悟をもって、お国のために戦線への鉄道を動かし輸送をし、そのほか、各種の仕事に従事致し、皇軍の進撃のお手伝いを致して、また軍の進んだあとの建設のお手助けを致しており」「これら兵士ならぬ勇士の中にも幾多の犠牲者を出して居ります」

「名誉の戦死をなされた御方のご遺骨が、無言の凱旋をなさるのをお見送りいたします。ご遺骨は各地よりこの大連に集まり、埠頭にて慰霊祭が行われ、やがて戦友に抱かれて船のデッキの祭壇に安置されます。船は港内各船舶のお別れの汽笛、埠頭をうずめる各団体の敬礼に送られて静かに出港致します」

「銃後の女性たち」は手や足、目を戦場で失って、心も体も傷ついて生きて戻ってきた傷病兵たちを必死に励まします。日本へ帰る、遺骨の見送りもありました。

「ご本人は故国へ帰ることを望まれず、天皇陛下の御為に申し訳ないと申し、戦線の戦友に対してすまぬと言わない者はございません。『このまま帰る位なら死んだ方がましだ』と申す病兵を『それは心得違いでしょう。もう一度、体を直してお国のために尽くす事が必ず出来ますから大切になさい』となだめてあげた事もございます」

いっぽう日本軍により保定（現在の河北省保定）が陥落した際の、大連の祝賀ムードも紹介されています。その後の歴史を知る現代の我々にとっては複雑な思いのする場面です。

「この日、大連中の各団体が旗行列を致した中に公学堂（筆者注：現地人の子弟向けに日本が設けた教育機関）の生徒が満州国旗と、日本国旗とを両手に行進して行くのを見まして、どうぞ支那四億の民衆がこの様になる日が早く参るようにと祈られました」

戦況の激しくなる中、次号1939（昭和14）年発行の「ふかみどり」23号では、常磐会会員が作製し、主に中国の戦地に送った慰問袋、約3000個（手ぬぐいのほか、パイナップルなどの缶詰、ピーナツなどの食料に、手製の品、各自が手紙を添えて作製したようです）に対し、100通ものお礼状が戦線から届いたことが報告されています。そのうちの一つで、中国の前線から届いたお礼状には「分隊員の命令で幼稚園の子供のように行儀よくならび」、くじ引きで渡された慰問袋に、兵士たちは「蜂の巣を突いたような騒ぎ」と大喜びだった様子が書かれています。明日の生死も知れぬ兵士たちにとっては、おそらく他の慰問袋より上等な品が入っていたであろう常磐会からの慰問袋は、大変ありがたかったことでしょう。

この号は戦局を反映してか、70ページ余りという、これまで200ページほどだった「ふかみどり」より薄い冊子となりました。この後は休刊となり、復刊は戦後の1952（昭和27）年まで待たねばなりませんでした。

戦後「ふかみどり」にみる皇族、華族、女性像

戦後の１９５２（昭和27）年に復刊された24号は、物資不足を反映し、１ページ３段組み、36ページの小冊子で、それまではなかった明治記念館や百貨店の松屋、資生堂化粧品、ジューキミシンなどの広告が入っています。そして梨本宮家から朝鮮の李王家に嫁いだ李方子《まさこ》の「発刊に際して」など、復刊を祝う寄稿が多く入りました。戦前の女子学習院では父兄あての「おたより」という小冊子が発行されており、統合しての復刊という意味も重ねられたようです。

戦後の「ふかみどり」でも、常磐会会員である皇族方の御歌や寄稿、動静に関する記事が折に触れて紹介されています。１９８０（昭和55）年の27号から５年に１回の刊行となり、１９９０（平成２）年発行の29号は、同年６月にご結婚された秋篠宮妃紀子さまのお祝い特集です。結婚の儀の際のお二人のグラビアとともに、在学中の川嶋紀子さんを知る友人たちがお祝いの寄稿をしています。一部をご紹介します。

「素顔の紀子ちゃん」

「大学の学生食堂で昼食をとっていた私達。ふと窓から外を眺めると、赤・青・黄等の色

を使ったメキシコ人が着ていそうな、ポンチョ姿の女性が歩いて来るのが見えました」「紀子ちゃんのファッションは、流行にはあまり左右されず、どこか外人さんのセンスに似ていてとても個性的でした」「古風な面とモダンな面を持ち、常にニコニコとした笑顔の中に優雅さがあり、一緒にいるとどこかホッとした思いを周囲に与えてくれた」

父で学習院大学経済学部教授だった川嶋辰彦氏と一緒に、目白の構内にあった教職員用の共同住宅に住んでいた紀子さまは当時「3LDKのプリンセス」として話題になりました。そんな素顔が思い浮かぶ描写です。

いっぽう2005（平成17）年の32号には、紀宮清子さま（黒田清子さん）と都庁職員、黒田慶樹さんの結婚記念特集が組まれました。同年11月に執り行われた帝国ホテルでの結婚式から、在学中の様子、同窓会のスナップなどが紹介されています。ある教員は古典の授業における思い出を寄せています。

中3の古典の時間、百人一首を暗唱することになっていたが、清子さんはほとんど憶えていて、カルタを取るのも強かったとのこと。また、高3の時に『源氏物語』を朗読された際には、なかなかストップをかけられないほどの読み方の見事さに自然とクラスの中で拍手が起こった、という逸話も紹介されています。

筆者は学習院女子部で清子さんの2年上におりました。この号では当時のご学友で、その後はシンガーソングライターや音楽大学講師として活躍している鈴木結女《ゆめ》さんが、ユニークな「宮様評」を寄せています。

「吹き抜けるユーモアの風」　鈴木結女

「私が人に紀宮様の印象を聞かれるとき、きまって例えるものがある。それは、〝三色アイスクリーム〟。バニラ、いちご、チョコレート。それぞれ色も味も香りも違う三つの要素が、絶妙のバランスで重なってそれはそれは美味しいハーモニーを奏でている、魅惑のフレーバー。その三つの味とは…大地を思わせる強さ。おおらかさ。包容力、地に足のついた冷静さ、落ち着き」

「澄み渡る大空のような広い視野。その大空を自由に飛ぶ鳥のように、常に物事を俯瞰で眺めることができる」

「そしてもうひとつ。最後にユーモアの風を是非挙げさせて頂きたい」

結女さんは、自分自身が悩んでいた際に、清子さんから励まされた記憶を振り返ります。

「（筆者注：宮様は）ゆっくりと言葉を選びながら御自身の考えをお話しになった。それは、私が知らずのうちにこだわっていた狭い枠をも飛び越えて、あらゆる視点、違った角度からのものの見方で、『ああ、そんな考え方もあったか』と、今までたち込めていた厚い雲が晴れて、いきなり視界が開けた気になったのを覚えている」

そして清子さんから聞いたという美智子さま（上皇后陛下）の言葉をこう綴っています。

「以前皇后様が紀宮様にお話しになったという言葉を思い出す。『どんなときでも、自分の灯火をしっかりと守り、胸に抱いて歩んでいけば、いつか必ず同じ灯火を持った人々と出逢ってゆく』。無理をせずとも、必要以上に自己主張などしなくとも、自分の灯火を大切に守ってゆけば必ず、同じ灯火を守る人と出逢ってゆく…」

「力強い大地と広い大空の間に、いつも暖かなユーモアの風が吹き抜けている…きっとそんな御家庭を、黒田さんと共に、紀宮様は築きあげていかれるに違いない」

鈴木結女さんは、女子高等科2年在籍時の学芸会でミュージカル「ラ・カージュ・オ・フォール」の上演を企画しました。米ブロードウェイでロングランを記録したコメディで、ゲイカップルの周囲で起きる騒動を描いています。1985（昭和60）年の日本初演に感動した結女さんが提案。まだLGBTQという言葉が浸透していない時代で先生方も驚いたそうですが、実現にこぎつけました。「『人と人との絆を描く物語』という本質を先生方にご理解いただけました。頭ごなしに叱らず、生徒と対等に話をして下さる先生方がいらっしゃる。そこが女子部の教育の良さでは」と結女さん。この時、脚本に協力したのが清子さんでした。

結女さんは学習院大学在学中にシンガーソングライターとしてデビュー。結婚で米国へ移住した後の2005（平成17）年、清子さんがご結婚された際には、「ディア・フレンド」というタイトルのインストゥルメンタル曲をプレゼントしています。清子さんのイメージである「たおやか」「しなやか」「瑞々しさ」「凜として」「ユーモア」を織り込んだ曲で、作曲家の服部隆之さんがアレンジし、TBSのご結婚特集番組で流されました。音源は、清子さんのもとにも送られています。結女さんは帰国後に音楽活動を本格的に再開、音楽大学の講師として歌唱指導を行うほか、他のアーティストへの楽曲提供、ライブなども行っています。

実際に清子さんを教えたという、学習院女子部のある教員OBによると、清子さんは、女性皇族として常に皇室の行く末を考えておられ、天皇陛下や秋篠宮殿下と異なる立場での献身と考え方には目を見張るものがあった、とのことでした。降嫁してからも、愛子さまの成年の儀式に自らのティアラを貸し出すなど、常に皇室を支えて、上皇ご夫妻が頼りにされた存在、という評があることにも頷けます。

香淳皇后崩御と「御誕辰祝賀式」の中止

2000（平成12）年発行の31号では、同年6月に97歳で崩御した香淳皇后の特集が組まれました。香淳皇后は久邇宮良子女王として学習院女学部に通い、常磐会の名誉総裁を長く務められました。巻頭グラビアでは、幼少時から昭和天皇とのご成婚、戦後に撮影された貞明皇后と昭和天皇ご一家、常磐会総会での様子、うさぎを描いた自筆の日本画などがモノクロとカラーで８ページに渡り紹介されています。皇太子妃内定後、妃殿下となるべく設けられた教育機関「お学問所」でも同席したある同級生はこう語っています。

「お学問所でご一緒した日々」

「皇后さまのお弁当はお昼間近に宮家から届けられ、紫のふろしきに包まれた塗り物の御重箱であたたかい湯気が立ったお弁当をゆっくり召し上がりました。私どものお弁当箱はアルミで、よく寒い時などスティームの上であたためた思い出もございます」

「小学科時代からユーモアのセンスがおありになって、楽しいふんい気をおつくりになるお方でございました。また機転が利かれることには感心いたしておりました」

「絵や和歌は特におすぐれになっていらっしゃいます」

「五年間お相手させていただきましたが、一度もお怒りになったことなく、おやさしいお方でしたから、いつも楽しみに伺わせていただき、つらいと思ったことは一度もございませんでした」

学習院女子部と歴代皇后との縁は深く、皇后誕生日は「地久節」とされ、華族女学校時代の1886（明治19）年から、ご健在の皇后および皇太后の誕生日を祝う「御誕辰奉賀式」が挙行されていました。昭憲皇太后の誕生日（5月9日）では「金剛石・水は器」、貞明皇后の誕生日（6月25日）には「はなすみれ」、香淳皇后には、1937（昭和12）年に新たに「御誕辰奉賀歌」が制定され、誕生日である同年3月6日の式典から歌われました。天皇のそばで「月のように輝き、国民を母のように守る」素晴らしさが歌われていました。

戦後も「御誕辰祝賀式」として式典は続いていましたが、1982（昭和57）年を最後に中止になります。最後の2回を私は経験しています。3月6日は学年末試験の最中ですが、その日だけ試験の代わりに式典が体育館であり、科長（校長）の訓示の後、奉賀歌を歌い、紅白のお饅頭を頂いて帰宅しました。その後は休日となり、平成の時代を迎える1989（平成元）年を最後に休日もなくなりました。皇后誕生日を学校としてお祝いすることの意味が、時代が移る中で見出しにくくなってきたこと、美智子皇后（当時）が学習院ご出身ではないこと、教育の時間を確保する必要性などが勘案されての中止だったのでしょう。

皇族の「ご近況」と秋篠宮家

さて黒田清子さんご成婚特集が組まれた２００５（平成17）年発行の32号から、最新２０２０（令和２）年発行の35号までは、三笠宮家と高円宮家の女王殿下の皆さま方による近況報告も紹介されています。

三笠宮彬子《あきこ》さまは日本美術史の研究者で、オックスフォード大学で博士号を取得、ご公務の傍ら京都産業大学の日本文化研究所特別教授として学生の指導に当たっておられます。35号に寄稿された近況を一部ご紹介します。祖父の三笠宮崇仁《たかひと》親王殿下から、初めて歴史という学問の面白さを教わり、現在の道に進まれたことが綴られています。

「私がゼミ生を持つようになったのは、先生方のように学生を育てることは無理でも、自分が面白いと思っていることを学生たちに共有し、学ぶことは面白いと思ってもらえるような種を彼らの心に蒔くことならば、私にもできるかもしれないと思ったからです」

「ゼミ一期生の学生たちはすでに就職をし、様々な職場で活躍している噂を耳にします。『先生の授業で学んだことが役に立ちました！』などと連絡をくれる子もいますし、教え子が仲立ちとなってくれ、仕事が決まった例もすでにあります」

「いつか私も、私の先生たちのように、蒔いた種の芽が出るように育て、成長させてあげられる教育者になれるよう、これからも努力していきたいと思っております」

この号では高円宮承子さまも、勤務先の日本ユニセフ協会での日常を寄稿されておられ、コロナウイルス感染症対策のもとでの、仕事の継続の難しさなどを率直に綴られています。仕事に取組まれる女性皇族の素顔は、多くの国民にとっても共感を得るはずです。

宮内庁などはあまり積極的にこうした情報を発信していないようですが、もう少し伝われば、皇室に対する国民感情も変わって来るような気がしてなりません。2023（令和5）年度からSNSなどの発信を宮内庁がスタートさせる見通しとのことなので、ぜひ等身大の皇族の皆様のお姿を伝えて頂きたいものです。

いっぽうで残念なのは、近年の「ふかみどり」には、眞子さん、佳子さまとも秋篠宮家からの寄稿が見当たらないことです。これも「秋篠宮家の学習院離れ」を象徴しているのでしょうか。例えば眞子さんの「ニューヨークだより」などは読んでみたいと感じます。もちろん単なる漫遊記ではなく、彬子さまのようにご自身が学ばれたことを、社会に還元するような活動をされた上での報告であってほしいと切に願います。

一方、在校生による学校誌では、「はなすみれ」が１９７０（昭和45）年から毎年発行されています。貞明皇后下賜の御歌による命名で、女性皇族の方々も在籍時に寄稿されています。

２００９（平成21）年発行の「はなすみれ」には当時、女子高等科2年生だった眞子さんの「ふとした瞬間《とき》に思うこと」という作文が掲載されています。

一部を紹介しますと眞子さんは子供時代「空想するのも大好きだった」「趣味の読書も手伝って、自分はホウキで空が飛べるのだと信じていた。いつか動物と話すことができると思っていた」「ひょっとしたら、あの頃の私は本当に風と話していたのかもしれない」そうです。その後は現実が見えるようになって空想の余地がなくなってしまったことを嘆き、「ふとした拍子に昔に帰ってみたいと思ってしまう」と瑞々しい感性で綴っています。

眞子さんを知る学習院関係者に聞くと、成績は文系を中心に優秀、一度決めたら誰が何と言おうと突き進む、といった評が聞かれます。そんな彼女の大人になってからの感性がこめられた文章を、改めて読んでみたいものだと卒業生として筆者は感じます。

東大生が綴った学習院女子部との違い

近年、女子高等科から他大学へ進学する人は増えており、東京大学への進学者もコンスタントに出しています。有名なところでは、先にも紹介した、旧大蔵省に進み、財務省副財務官を経て東大理事を務める石井菜穂子さん、東大文学部に進み、東大大学院を経て東京大学史料編纂所教授を務める松方冬子さん、学習院大学から東大大学院に進み、学習院大学経済学部教授を務める白田由香利さんなどが知られています。

ある卒業生が東大に入学して感じた、東大と学習院女子部の環境の違いについて、「ふかみどり」に寄稿しました。

「**雑感**」

「入学当時、一番感じたことは、誰も守ってくれないということである。女子部時代は、例えば私が少し人と違うことをした場合、それを非難する（つまり悪口）形であれ、励ます形であれ、何らかの反応が返ってきた。そうしてもらっては困る。そうしてくれて嬉しい、と私の行動を自分達の問題として感じてくれる人々がいた。東大は違う。わたしはわたし、あなたはあなた、極端に言えば、わたしはあなたが成功しようが挫折しようが構わない。私は怖かった。女子部は優しかった、と思った」

「女子部には行動パターンとしての、いわば習慣としての優しさがあるのだ。他人には手を差し伸べることになっている、これが女子部の良さだと思った」

「同時に、慣れるにつれて東大の自由独立の良さも分かってきた」

「学習院の良さ、それは底力である。輝くように優秀な東大の友と語る時、女子部はだめだったなと思う。これだけの広い視野と判断力を持つ人を、私は女子部で見なかった。だが、女子部時代の友と会うと、それと同じかそれ以上の強さで、ああやはり女子部はすばらしいと思うのである。上手く表現できないけれども、ぎりぎりのところでの誠実さと言ったら良いか、何か生きていく上での底力といったような強さが、彼女たちの穏やかなものの言いの中に潜んでいるからである」


受験戦争を勝ち抜いて全国から集まってきた東京大学の優秀な学生たちに比べ、学習院女子部の生徒たちは、自分を含め甘やかされて育ってきたと痛感したのでしょう。でも「手を差し伸べる優しさ」と、ただのお嬢様ではない、生きていく上での「底力」があるという見方も示しています。

白洲正子、オノ・ヨーコさんの寄稿

二人の有名OGの寄稿をご紹介しましょう。文筆家の白洲正子は、1931（昭和6）年発行の16号に「法隆寺を讃へる」という随筆を寄せています。伯爵の樺山家に生まれ、女子学習院初等科を卒業して渡米し、現地のハイスクールを卒業。帰国して実業家の白洲次郎と結婚した頃の作品です。『白洲正子全集』（新潮社、2001〜2002）に収められている正子の文章は1940（昭和15）年以降であり、それ以前の貴重な原稿といえそうです。東奔西走する姿から「韋駄天お正」と呼ばれた正子の生き生きした表情が浮かぶような文章で、一部を現代仮名遣いに直し紹介します。

「法隆寺を讃へる」　白洲正子

「何といっても私の美しいと思うのはかの五重塔である」「一つ一つのラインの美しさに

心をうばわれ、また全体見た時の調和の美に、思わず頭のさがるのを覚える」

「東大門を経て夢殿に向う。ユメドノ。何というロマンテイクなひびきを持った名であろう!!」「時は秋。日は夕暮れ。遠く百舌の鳴くを聞く」

オノ・ヨーコさんは１９９０（平成２）年発行の29号に「笑顔」と題した随筆を寄稿しています。旧安田財閥の流れをくむ家に生まれ、銀行家だった父の仕事の関係で日本と米国の学校を行き来しており、学習院では初等科、女子中・高等科、学習院大学哲学科まで在籍しました。学習院では演劇部に所属し脚本、演出、主演もこなすマルチな才能ぶりを発揮していました。

「笑顔」　**小野洋子**

「昨年久し振りで常磐会のクラスメートの方々にお会いした時には、まるで忘れていた自分の〝顔〟に出会ったような気がした。私は本当に幸運に、特別にユーモアのある素直な明るいやさしいクラスメートの方達の間で大事な女学生時代を送った。

それでもお互いに、世間にでてからは色々苦労をしたわけなのだが、笑い顔にはかわりがない。人間ってそんなものかと思った。どんなに世界が険悪な状態になっている時でも、人の性は善であると信じ、〝夢をもとう〟のモットーをかかげてやって来た私を甘いと批判した人もいたが、その甘さは必ずしも悪いと思ってはいない。いやむしろ、その甘さのお蔭で現在の私があるのだと思っている。

それには、私の女学生時代のスキンシップが案外大事な要素だったのではないか、とふと思った」

ヨーコさんと筆者（2011年東京）

ヨーコさんは、この文章を書いた日付「1990年8月6日」を、あえて末尾に記載しています。この日は、広島に原爆が投下されてから45年の節目です。平和活動家でもあるヨーコさんは広島への思い入れが深いからでしょう。

筆者はヨーコさんと同じ演劇部出身で、所属していた新聞社での取材のほか、OG会で何度かヨーコさんにはお会いしています。数年前に東京でお会いした際は、人の助けを借りて歩いておられましたが、相変わらずの笑顔とメッセージに励まして頂いたことを覚えています。

トリビア⑤　クマもいた学校内の「動物園」

女子学習院が、家庭との連絡用で発行していた小冊子「おたより」（1920〈大正9〉年3月から1944〈昭和19〉年5月まで通算91号）の10号（1921年11月発行）によると、徳川義親侯爵からゴムの木や椰子の実とともに、南洋産の子グマ1頭とサル1匹が寄贈されたことが報告されています。

義親侯は1921（大正10）年5月から7月にかけて当時のマレーやジャワを訪問し、スルタン（ジョホール王）の招きで虎狩りや象狩りを行い、その際に贈呈されたクマとサルを寄贈したのでした。「虎狩りの殿様」としても知られます。

義親侯の書信によると「熊の名はJennyと申します。今年早く生れたものだそうです。王様が大変に可愛がってよく馴らされ、少しは芸も覚えていました（中略）性質はきわめておとなしいものです」とあります。校舎前に座るJennyの写真も掲載され、「熊も猿もなかなか元気で、学生幼児と好い仲間になって快活に遊んで居ます。目下設備中の動物園にこういう珍客を迎えて、学生幼児の喜びは大したもので人気は一通りではありません」と伝えています。

学習院アーカイブズの桑尾光太郎氏の解説によると女子学習院では当時、青山にあった校内の運動場の周囲に動物園や禽舎、鶏舎、果樹園、植物園を設け、生物や園芸の実習、写生などの授業に活用していました。徳川義親侯は女子学習院が戦災で焼失した際に、目白の屋敷を仮校舎に提供するなど、縁が深い存在でもありました。

ですが残念ながらJennyは間もなく死んでしまったようです。南洋出身で日本の気候が合わなかったのでしょうか。1922（大正11）年7月発行の「おたより」14号では、岩崎俊彌氏（三菱財閥2代目当主・岩崎彌之助次男、旭硝子創業者）がノロジカ4頭を寄贈したとの記事があり「熊がなくなってさびしい折柄此の見るからに可愛い動物を得ましたので、学校動物園も急に賑わしくなりました」と紹介されています。

校内の動物園には、名士からさまざまな動物が寄贈され、生徒・児童たちが親しんでいた様子がうかがえます。何ともスケールの大きい教育が施されていたことが偲ばれます。

第6章　卒業生たちの〝リアル女子部論〟――肉声を聞く

この章では卒業生に「リアル女子部」の話を聞きました。様々な分野で活躍する皆さんの原点は、多感な10代を過ごした学習院女子部にあり、女子部が「ただのお嬢様学校ではない」ことを物語っています。

中等科でブラックリストに載った――小島慶子さん（エッセイスト、タレント）

（1972年生まれ。商社マンの父に同行して子供時代にオーストラリア、香港など海外生活を送る。女子中等科から大学まで学習院で法学部政治学科卒。1995年、TBSにアナウンサーとして入社。2010年に退社してフリーに。『おっさん社会が生きづらい』〈PHP新書、2022〉など著書多数）

父の駐在先のオーストラリアで生まれ、帰国後は東京郊外の多摩地区に暮らしました。学習院には全く縁がない家庭で、入学は母の勧めです。昭和10年代生まれの母の世代は、女性が四年制大学で学ぶのは一般的ではなく、自分の娘たちには大学に進学してほしいという希望を持っていました。加えて、民間から皇室に入った美智子さま（上皇后陛下）への憧れもあったようです。

私が中学に進学する頃の日本は、いわゆるバブル期で経済が絶好調。母は私に、〝お嬢様学校〟の付属から大学へ進み、〝玉の輿〟に乗っていい人と結婚してほしいという期待をかけたのでしょう。女子部までは遠距離通学です。元は華族女学校で皇族も通う学校、制服は胸あてに八重桜の校章がついたセーラー服で、子どもなりに「普通の女子校とは違う」といったプライドもありました。

でも初めて知る世界に、ショックを受けました。勉強が得意だったので「頑張れば夢は叶う」と信じてきたのに、幼稚園や初等科から通う、裕福で、生まれた環境が全く違う人たちに驚き、羨ましく思いました。格差を感じたのですね。うちはサラリーマン家庭ですが、歴史の教科書に出て来るような名家、旧宮家や旧華族の出身者に、有名企業の創業者一族の娘など、桁外れの人たちがたくさんいました。カバンからブランド物のお財布をのぞかせている生徒も。「努力すれば報われる」と信じて勉強してきたけれど、努力してもどうにもならない世界があると気が付いて、すっかり気持ちがグレてしまいました。ふてくされた反抗的な態度で、「ごきげんよう」の挨拶もおざなりに（笑）。

中1の途中で、早くも主管（担任）の先生方から呼び出され、「君はブラックリストに入った」と警告されました。このままでは高等科に進学できないかもしれないと。中等科は当時1学年4クラスで、4人の主管の先生方は3年間、その学年を担当します。今思えばみなさん寛大な方でしたが、中でも体育でダンスを担当されていた小泉澄子先生に救われました。個性的で豪快、厳しいけれどいつも「小島は本当は優しい、いい子なんだよ」と言ってくれました。生徒を叱るときの小泉先生の口癖は「お前ら、学習院やめな。何が学習院らしいかは自分で考えな」でした。

やがて、生まれた家など自分で変えられないことを他人と比べても不毛だと思うようになりました。彼女たちも自分も、どう生まれるかは選べなかった、だったら選べることで人生を切り拓こうと考えるようになったのです。「勉強とか、人を楽しませるとか、自分で何とかできることを頑張ればいいいんだ」と吹っ切れました。それが叶う程度には、私も恵まれていたのです。つまり、学習院というほかにはない環境で存分に学ぶ機会と、その学費を賄える経済力のある家庭とに恵まれていたということです。そこからだんだん、学校が楽しくなりました。

高等科に進んでから、メディアに関する仕事をしたいという思いが募り、マスコミに強い早稲田大学を受験しようと考えました。でも母に「せっかく学習院大学があるのに勿体ない」と反対されて断念。当時は、もし女の子が浪人でもしたら就職にマイナスだという古い考えもあったのだと思います。社会学に関連することも勉強できそうだったので、内部進学で法学部政治学科を目指しました。法学部は当時、内部進学で一番人気があったので、成績は上位をキープするよう努力しました。

そんなあるとき、数学の先生と「数学は人生に必要か」という議論をしました。私は壊滅的に数学ができなかった上に、その先生とあまり馬があいませんでした。基本的な計算は生活に必要だけれど、微分積分まで勉強する必要ってあるのかな、高等科では数学は必修じゃなくていいんじゃないか、それより他に好きなことをした方がいいんじゃないのか、と思ったんですね。先生は決して無駄ではないと説いてくれましたが、私は意地っ張りで、どうしても納得がいきませんでした。高3では、内部進学の判断基準となる試験があります。そこで私は、わざと数学の答案を白紙で出したそうです。「そうです」というのはそれをすっかり忘れていて、大人になってから他の先生が教えてくれたのです。「お前、面白いことしたよな」って。わざと数学で0点をとり、他の科目で点数を稼いで志望の学科に進学して、数学が人生に必要ないことを、身をもって証明しようとしたんですね。実に子どもじみた馬鹿げた反抗でしたが、実際に数学は0点で、他の科目で満点近い点数を取り、無事政治学科に進むことが出来ました。きっと先生たちは呆れていたでしょう。でも、叱られることはありませんでした。「小島には言っても無駄」と諦めていたのかもしれませんが、そんな度量の大きさが、当時の女子部にはあったように思います。

学習院大学卒業後にTBSのアナウンサーになりました。重鎮の政治家の方々にインタビューしたり、クリントン米大統領（当時）を招いた番組に参加したり、皇太子殿下（天皇陛下）が出席される式典の司会を務めたりしましたが、どんな著名な方や肩書の立派な方が目の前にいても落ち着いていられたのは、学習院で育ったおかげだと思います。「普通の人は会えないような人」と会う機会が中学生の頃からあったので、場慣れしていたというか、萎縮せずに済みました。

私の3学年上には紀宮清子さま（黒田清子さん）がいらっしゃいました。学内にはいつも私服の皇宮警察官がいて、宮様が同じ敷地内でバスケットボールをしたり歩いたりされていました。女子部には皇室を崇め奉るような空気は全くなく、宮様に対してもごく自然に、誰もが平常心でさりげなく配慮を示すという感じでした。そうした経験から、礼節は大切にしつつも卑屈にならない態度を自然に学んだように思います。

うまく説明するのは難しいのですが、どんなに立場や肩書が自分とかけはなれていても「同じ人間である」といった感覚でしょうか。やはり特殊な環境だったので、お辞儀の仕方、頭を上げるタイミングなどの作法も自然に身につきました。女子部の出身者は普段はどんなにざっくばらんでも、「出るとこに出ればきちんとできる」とも言われていますよね。ですからアナウンサーになってからも、どんなに著名な方がいる場でも、新人の時から物おじせずにこなすことができたのだと思います。

女子部では「はねっかえり」だった私ですが、10年ほど前に同級生が主催した在校生向けの講演に呼んでいただく機会がありました。自分自身の体験からこんな話をしました。

「皆さんは女子部に通っていることを誇りに思うでしょう。でもそれは同時に『日本で最も世間知らずな女の子』でもあるということです。どうかそれを自覚してください。皆さんは恵まれた環境にいて、生活に困っている人を身近に見ることはないかもしれません。いっぽうで女子部の中にも、幼稚園や初等科から学習院に通っている人、中等科から入った人、歴史のあるお家の人やごく一般的な家庭の人など、色々な人がいます。古いしきたりに悩む人もいれば、友達の暮らしぶりを羨む人もいるでしょう。皆さんの中にも多様性がありますよね。

私は、世の中は何故こんなに不公平なのかと思ったこともありました。でも自分の努力でどうにかなるもので身を立てようと発想を切り替えました。それができたのも、女子部という環境に恵まれていたからこそです。皆さんは、日本の中でも最も多くのチャンスを与えられた、とても幸運な人たちなのです。そういう自覚を持って、ぜひそのチャンスを活かしてください。

一方で、チャンスをもらえない子たちも大勢いることを知ってください。経済格差や教育格差などの機会の不平等が、世の中にはたくさんあるのです。努力が報われない人もたくさんいます。どんな環境に生まれようとも、どんな属性であっても、教育や就業などの機会が等しく与えられる世の中にすること、そのために自分にできることをするのが、恵まれた環境に育った皆さんのできる社会への恩返しであり、果たすべき責任です」

生まれや肩書は関係ない、どんな人も同じ、と学ぶ——安藤和津さん（エッセイスト）

（1948年生まれ。学習院初等科から女子高等科、上智大学を経て英国留学。夫は俳優・映画監督の奥田瑛二氏。長女で映画監督の安藤桃子さん、次女で女優の安藤サクラさんとも幼稚園から学習院に進む。教育問題、食、自身の介護体験などをテーマにした講演も行う。『〝介護後〟うつ「透明な箱」脱出までの13年間』〈光文社、2018〉など著書多数）

私は1954（昭和29）年に初等科に入学しました。当時は安倍能成院長がご健在で、戦前の「質実剛健」の教育方針が色濃く残っていました。初等科の厳粛な雰囲気の講堂には「正直」という院長の書が掲げられていて、この言葉は今も私の中にしっかりと根付いています。

そして一貫して正しい日本語教育が根底にあったように思います。私が通っていた頃の女子部では、和服姿の先生が「よろしゅうございますか?」と授業内容の確認をなさるとクラス全員で声を揃えて「よろしゅうございます」と応じるのです。しみじみ時代を感じますよね。学習院の代名詞の「ごきげんよう」しかり、尊敬語や丁寧語などの日本語力がこうした日常生活の中で培われたと思います。

校則は厳しく、下校後の先生方のパトロールもありました。部活帰りにお腹が空いても買い食いはもちろん禁止。私は友人と何度もあんみつ屋さんに行った先で〝現行犯〟で連行され、そのたび母は学校へ呼び出しです。当時は「目をつけられる=不良の烙印」だったので、母には随分迷惑をかけたと思います。

在学当時、初等科では昭和天皇の誕生日の4月29日、女子部では香淳皇后の誕生日の3月6日に学校で式典があり、お祝いの歌をうたって万歳三唱をしていました。さすがに今ではなくなったようで、一抹のさみしさも感じます。

生徒たちは皇族や旧華族、名字をみただけで分かる歴史上の人物の末裔もいれば、財閥系企業の子女などがたくさんいました。その一方で、ごく一般的なご家庭の生徒もいて、家庭の環境はさまざまでしたが、学校に来れば普通のクラスメートで友人、全ての人が同じ生徒です。皇族でも財閥でもそうでなくても学校に来れば同じように学び、同じように笑い、同じように悩みを持つ。「人って生まれや肩書は関係ない。どんな人も同じなんだ」と感じたことが、実は一番大きい学びだったように思います。

当時の女子部は、そのまま大学に進むのが普通で、外部受験は、東大へ進まれるようなごく少数の優秀な方は別として、勇気がないと挑戦できない雰囲気でした。でも私はずっと同じ環境にいることに違和感を抱いていて、全く違う雰囲気に憧れて、母の大反対を押し切って、上智大学を受験しました。

とはいえ、娘たちは幼稚園から学習院です。他校の幼稚園の説明会にも行ってみましたが、お母様方がとてもカジュアルでリラックスした感じでした。学習院では紺のスーツ姿のお母様方が真剣に向き合われていて、やはりその堅実さが、私の求めているものだと思ったのです。子供たちが入園した当時を振り返ると、電車での送り迎えを始め、毎日のお弁当作り、これは先生方がお弁当もご覧になるので栄養バランス、色どりなど、とても気を使いました。そして父母会や各種行事など盛りだくさんで、仕事を持つ母親の負い目をつくづく痛感しました。何しろ学校優先の日々で、ものすごく頑張ったな……と今では懐かしくなります。

時代は大きく変化して、言葉遣いで「私これ召し上がったことあります」とか「らっしゃーせー」と言われて、分からなくて聞いてみると「いらっしゃいませ」だったり、日本語も大変化中です。お箸もきちんと使えない若者達も沢山います。厳しいなと感じた古き良き学習院の教え、学びは私の心のコアにきちんと残っていますし、時代は変わっても孫たちにそれは伝えていきたいと思います。

学習院を通じて皇族のお立場を身近に知ることが出来ました。「ノブレス・オブリージュ」の精神とは高貴な方のみならず、日本人のDNAにしっかり組み込まれているものだと私は思います。昔なら長屋の生活の中で、お腹を空かせた子どもが泣いていれば、隣家の人はおにぎりを分け与え、大きな子は小さな子の面倒をみる。弱者に対する意識を持つことは、より多く持つ者の中にある優しさ、思いやり、責任なのではないでしょうか。人を妬まず、蔑まず、これが学習院の中で私が感じた、〝人は皆同じ〟だということだったのだと思います。

どの宮様もご自身のお立場をわきまえられ「ノブレス・オブリージュ」の精神をお持ちでいらしたと思います。ある宮様がコーヒー代をお支払いになったあと、このコーヒー代も国民のお金だという意味のことをおっしゃったのが、とても印象に残っています。

芸能活動も、芸術として認めてほしかった——とよた真帆さん（女優、タレント）

（1967年生まれ。初等科から女子高等科まで学習院。芸能活動に取組むために文化学院へ転じ、モデルデビュー、パリコレクション等にも出演。1989年には女優デビューし多数のドラマや映画、舞台等に出演。絵画の個展や、料理本の出版、BS朝日の番組「とよた真帆のDIY日和」ほか、マルチに活躍。夫は映画監督の故青山真治氏）

初等科から学習院に入り、女子高等科1年で中退して文化学院へ転校しました。当時の学習院女子部では、学外での芸能活動は禁止されており、モデルや女優の仕事をしたければ退学して外に出るしか選択肢がなかったのです。高校卒業を待たずに中退したのは、一刻も早く経済的に自立して当時、苦労していた母を助けてあげたいという気持ちがありました。学習院において、私の家はちょっと変わった家庭だったのです。

実の父は女子部の隣にある都立戸山高校の出身で、その後に学習院大学に進んでいます。母が父から学習院の話を聞いて気に入り、私と七つ上の姉を初等科に入学させました。その後、事情があって父とは別に暮らすようになり、母が一人で家計を支えることになります。

本来なら私と姉は退学して、公立学校に転じなければならない状況です。でも母は働いて、学費を出して通わせてくれました。その苦労を私はずっと見てきました。学習院の同級生たちは、特に初等科は裕福で幸せな家庭のいい子たちばかりです。私には「うちはみんなとは違う」といった感覚がありました。「みんなお金の苦労はないはずだから、私の気持ちは分かってもらえないんじゃないかな」と。

初等科の頃から演じることに興味があり、女子中等科では演劇部に入ります。学芸会や文化祭の舞台にも出演して楽しくて、もっともっと演じたい、この道に進みたいと真剣に考えるようになりました。でも学習院女子部は学業優先で、外部の芸能活動は基本的には禁止です。例えば、バレエ団に所属していた同級生が、プリマに抜擢されて、海外で公演するチャンスをもらったことがありました。でも参加は許可されなかったのです。せっかくのチャンスなのに勿体ないと思いましたし、本人もとても残念がっていました。

学校側にも他の生徒たちの手前、そうせざるを得ない事情はあったのでしょう。でも、演劇もバレエも、素晴らしい芸術なのに、「芸能」とひとくくりにされて禁止されてしまうのは、何かおかしいと感じました。学習院には彼女のような素晴らしい才能を持つ生徒も多くいます。そんな個性を育んでくれる環境があり、私も人生の目標を定めることができました。あともう少し、外部で成果を発表できる機会を認めてくだされば、生徒たちはもっと個性を伸ばせるのではないでしょうか。ちなみに海外公演に参加できなかった同級生は学習院を卒業後、プリマバレリーナとして高い評価を得るようになり、国内外で活躍しています。

話を戻しますと、文化学院に転じて驚いたのは、生徒が先生に「ため口」で話していたことでした。自由な雰囲気は私にとっては居心地の良い空間でしたが、先生に対し、このような態度をする生徒もいるのかと、カルチャーショックを受けました。ただ気が付いたのは、学習院の空間で、私にはきちんとした日本語を話すこと、目上の人へのリスペクト、礼儀正しさ、人を敬う気持ちが自然に備わっていたことです。これは現在に至るまで仕事においても役に立ち、私自身の貴重な財産になっています。

モデルとして19歳でパリコレクションに出演し、20歳を過ぎた頃からテレビドラマや映画、舞台など女優のお仕事を頂けるようになりました。苦労をかけた母には20代で家を買ってプレゼントすることができ、とても喜んでくれました。タレントとしての活動の幅も広がり、料理の本も出し、ＤＩＹの番組をＢＳで持たせても頂きました。これまで学習院の同級生や友人たちはずっと見守って、応援し続けてくれていて、本当に感謝しています。それが学習院の良いところなのかもしれませんね。

学習院在学中は紀宮清子さま（黒田清子さん）が下級生にいらっしゃり、お話させて頂いたこともありました。そんなご縁もあって、皇室に対しては親しみを持っています。日本の伝統文化であり、世界の王室の中でも古い歴史を持つ存在で、やはり皇族の皆様方には、歴史のある学習院に通って頂きたいように感じます。

「自由であれ」という原点、国語教諭に学ぶ——瀬戸山美咲さん（劇作家、演出家）

（１９７７年生まれ。初等科から女子高等科まで学習院で、早稲田大学政治経済学部卒。雑誌のフリーライターとして働いた後の2001年に劇団「ミナモザ」を旗揚げ。現実の事象を通して、社会と人間の関係を描く作風が高く評価され、読売演劇大賞優秀作品賞など数々の賞を受賞。2022年3月から日本劇作家協会の会長に歴代最年少で就任）

劇作家としての私の原点は、女子中・高等科にありました。実家は学習院とは全く縁がなく、たまたま「お受験」で合格した初等科に進みました。演劇に興味はありましたが、実際に始めたのは女子中等科で演劇部に入部してからです。先輩に小劇場に連れていってもらって魅力にはまり、お小遣いからチケット代をねん出して通うようになりました。

部活では演じるより裏方に関心があって、照明や大道具に励みましたが、大学受験のため高等科1年で退部します。小学校から大学までエスカレーターで進んだら、16年間も同じ人間関係の中にいることになる、そのことに抵抗がありました。女子部の近所にある早稲田大学の自由そうな雰囲気に憧れていました。いっぽうで演劇は有志を募り、結局高3まで毎年、文化祭で自主的な公演をしていました。オリジナルの戯曲を書いて演出もと、ノリと勢いでつくった作品ばかりですが、「書きたい」という思いは強かったんです。

私は創作も人生も「自由であれ」という思いを強く持っています。これは女子中等科時代の国語の根岸弘先生に大きな影響を受けました。先生は「自由人」という表現がぴったりくる方で、構内の職員住宅に住み、作務衣姿で籠を背負って授業に来られ、籠からみんなのノートを引っ張り出して返却したりして（笑）。「自由に思うことを書きなさい」という指導で、書いたものが先生の目に留まるとクラスで朗読させてもらえます。

私はミュージシャンの尾崎豊さんが亡くなった時、感じた思いを書き、朗読させてもらいました。ただ自由を謳歌しすぎてハメを外し、親が呼びだされたこともあります。修学旅行で団体行動から外れて遊んだり、校内でも立ち入り禁止だった体育館の屋上に上ってお菓子を食べて怒られたり。停学などの処分はなかったですが、ご迷惑をおかけした先生には謝りたいです。平和といえば平和でしたね。何にせよ、穏やかな空気の中、伸び伸び育ててもらえたと感謝しています。

早稲田大学の4年生のとき、つかこうへいさんの劇団を手伝ったことをきっかけに演劇の世界に足を踏み入れました。大学卒業時は就職氷河期だったこともあって、複数の雑誌のフリーライターをしながら演劇活動を続けていました。2011（平成23）年の東日本大震災の後、現地で働く女性たちを紹介する企画を提案しましたが、様々な事情で福島への取材ができず、書きたいことは演劇で書こうと思うようになって軸足を演劇に移していきました。

活動の幅が広がったのは、パキスタンで起きた日本人大学生誘拐事件を描いた「彼らの敵」が2016（平成28）年に読売演劇大賞優秀作品賞を受賞してからです。関心があるテーマは「戦争」や「原発」などで、何か理不尽な大きなもの、男性的で女性にとって不条理なものへの違和感を問いかける作品を書きたいと思っています。「わたしと戦争」（2018）は、女性の帰還兵を通じ戦争からはみ出した人々の姿を描こうとした作品で、読売演劇大賞優秀演出家賞を頂きました。

2022（令和4）年3月には埼玉県東松山市で地域の皆さんたちと一緒に音楽劇を作りました。演劇は観るだけではなく、演じたり、つくったりするのも楽しい。肩書や立場もなく、みんな一緒に舞台を作り、その後もコミュニティが続く。あまり活用されていない全国のホールを拠点にアーティストたちがそのような活動をしていけたら、地域は活性化していくと思います。もっと多くの人に、観ることも演じることも楽しんでほしい。小劇場や商業演劇などの垣根も越えて、演劇のジャンルももっと融合していけばいい、そんな思いがあります。

後輩でもある眞子さんの結婚報道の過熱ぶりは、皇族の方に人権がないように思えてしまい、悲しくなりました。皇族の方には特権がある一方、その属性は生まれながらのもので変えられません。特に女性の皇族とその配偶者に対しては厳しい目が向けられすぎだと思います。税金で皇室を支えることをＮＧというならば、皇族の方の婚姻の自由、移動の自由などの基本的人権をちゃんと見つめ直す必要があると思います。学習院には皇族、旧華族、裕福な家庭の子女が多く、家に遊びに行ったら都心の大豪邸でうらやましく思ったこともありました。でも、そのなかには生き方を決められていた人もいたかもしれません。

私自身は学習院に通えたことそのものが特権だったと感じています。おかげで、多くを学ぶ機会を得て、よい友人とも出会い、自分の進みたい方向に進んで来られました。いっぽうで、この特権をどこか後ろめたく感じていたこともありました。なので長い間、自分が学習院出身であることは積極的に公表してこなかったのです。でも今は「自由」を教えてくれた学び舎に感謝の気持ちしかありません。これからは誰かの「自由」のために、自分の言葉を紡いでいきたいと思います。

「老舗料理店のお嬢さん」から看護師へ――別府泰子さん

（首都圏に複数店舗を展開する老舗料理店の長女。女子中等科から大学まで学習院で、経済学部卒業後は大手損害保険会社に入社、30歳で退社して看護学校へ入り、看護師として働く。学習院在学中は水泳部に所属）

実家は江戸時代から続く料理店で、夏目漱石の著作の中にも登場しています。「会社に行く」というより「店に出る」という大人が周囲に多い環境で育ちました。学習院には女子中等科から入りました。母が学習院大学出身である縁に加え、温水プールがあるのも魅力でした。

水泳部に入り、中２では恒例行事の沼津臨海学校（静岡県）に参加しました。初等科から女子部、男子部と共通の伝統行事で、女子部では当時は２年生が全員参加でした。ハイライトは２キロの遠泳です。女子高等科や大学生、ＯＢ・ＯＧの方々が助手として参加してくださるのですが、その姿がかっこよくて。ああなりたい、と思いました。高

2から私も助手として参加、大学を経て社会人になっても続けています。生徒たちが日に日にたくましく、いい顔になっていくのを見るのが楽しくて、そのお手伝いができているのかなと思うと嬉しいです。

大学卒業後は大手損害保険会社に入りました。バブルの時代で女子学生は金融機関や商社に一般職で入り、何年か働くと結婚退職するのが当たり前という風潮がありました。でも何だか違和感があって。8年間勤めて退職したのですが、その頃はバブル崩壊の影響などもあって、社内の状況が厳しくなっていき、会社における自分の未来を描けなくなってしまったのも理由の一つです。自分は何がしたいのか、何が出来るのかを考え、看護師になろうと思いました。もっと「人に寄り添う仕事につきたい」と考えたことが動機です。実家の店を手伝う、という選択肢もないではなかったです。でも、社長だった父の跡を継ぐ弟がおり、弟が結婚すれば、お嫁さんが女将になる。私の出る幕ではないと考えました。

とはいえ当時すでに30歳。看護学校を受けようにも、年齢制限を設けている学校も当時は多く、ギリギリ受験ＯＫだった大手の病院付属の看護専門学校を受け合格しました。父は、その年代の男性にありがちな男尊女卑というか、封建的な人なのですが、この受験のときは最寄り駅まで車で送ってくれて「がんばれよ」って言ってくれました。嬉しかったですね。

晴れて合格し入ってみた看護学校の同級生たちは殆どが一回り年下でした。3年間通い、看護師資格を得て、病院に就職。体力勝負の毎日です。年齢を重ねた体に、夜勤や、夕方から朝まで勤務するのは辛く感じることもあります。体内時計が完全に狂ってしまっていて、とにかく眠れるときに眠って、疲労回復、体力温存に努めている感じです。

女子部で学んだことが役立っているとすれば、言葉遣いでしょうか。患者さんに思いやりを持って丁寧に接することは、忙しい毎日の中では難しくもあります。でも言葉遣いだけは、自然に丁寧になっているような気がします。

いまは一般病棟にいますが、いつかはホスピスに移りたいと希望を出しています。人間は誰でもいつかは死にます。死ぬときに「いい人生だった」と少しでも多く思ってもらえるようなお手伝いをしたい。自分もそうやって死にたい、「いろいろあったけど、生きていてよかった」という人生を送りたいと思っています。「誰かの役に立ちたい」と思う。これが女子部生が感じる「ノブレス・オブリージュ」なのかもしれませんね。

子育て、親の介護経験を生かして社会貢献――島崎元子さん（会社員）

（幼稚園から大学まで学習院。卒業後は大手商社に一般職で入社し、結婚して程なく退職。子育てから手が離れた40代後半になって仕事を再開し、派遣や契約社員として大学法人、メディア系企業に勤務。現在は大手保険会社支社勤務）

父方が士族で医者の家系、曾祖父は森鷗外と一緒にドイツ留学しています。父は大手銀行出身で、ジャズ評論家としても活躍した瀬川昌久で、初等科から高等科まで学習院。私が学習院に進んだのは自然の成り行きでした。自分が卒業した学校に子供を入れる、というのは、やはり環境がよく、無意識のうちに人間性が培われることに重きを置くからでしょう。大学まで進める安心感もあり、私も長女を幼稚園から通わせました。

女子部ではテニス部と学芸委員会（文化祭実行委員会）に所属しました。男子がいない分、自分たちで物事を決められる力を身に付けたと思います。先生方も私たちの意見を聞いて下さり、一緒に考えてくださるという姿勢です。例えば当時、冬場の体育の時に着るトレーナーが解禁になりました。それまでは学校の指定のセーターを着ていたのですが、運動にはそぐわない、ということで私たちの要望を先生方が聞いて下さった成果です。現在の女子部ではPコートやリュックも使用可能になっていますが、これも生徒たちの要望を先生が聞いて下さったからです。

何の疑問もなく大学へ進み、楽しい4年間でした。大手商社に一般職で就職します。1980年代のバブル経済の時代で、数年お勤めして結婚退職、家庭に入るのが女性の幸せという価値観があり、親もそう望んでいた時代で、その「期待を裏切りたくない」という潜在的な意識もありました。私は結婚してしばらくしてから退職しました。子育てで会社に迷惑をかけられない、女性は家庭と子供が第一で、仕事はその次という感覚ですね。子供が小さいうちは専業主婦として学校行事に付き添い、その時々で素晴らしい体験ができました。

子供の手が離れてから、派遣社員として複数の仕事を経験しました。その間、脳梗塞で倒れた父の介護をし、最期を看取りました。母も高齢なので、夫の了解を得て同居し、24時間の介護でした。介護は自分の力だけでは無理で、いろんなサービスを組み合わせながら、誰もが過度の負担を感じることのないようマネジメントすることが大事です。女子部時代に培った力があったからできたことかもしれません。

この経験を、何かに生かしたいと考えました。その後、フィナンシャルプランナーの資格を取り、いまは大手保険会社で契約社員をしています。介護経験や後から身に付けた金融関係の知識で、お客様や同級生たちの相談をお受けしています。大手企業でバリバリ働くという人生ではなかったけれど、自分の置かれた立場で精いっぱいの努力をした。その経験でお役に立ちたい。これが私の「ノブレス・オブリージュ」です。

「女子力」問われた新人時代——大武みなみさん（ジェイアール東日本企画社員）

（女子中等科から大学まで学習院。法学部法学科を卒業後、外資系化粧品会社を経て民営化直後のJR東日本グループに転じる。JR東日本本社広報部で報道、顧客対応も担当）

学習院の本部がある目白に自宅がありました。父は法律関係の仕事をしていて大学の教授陣とも親交があり、子供の頃はよくキャンパスまで散歩に連れて行ってくれました。学習院には中学受験で入ることに。両親は学習院出身ではなく、全くの庶民ですが、入ってみたら戦国時代の武将の子孫とか江戸時代の大名とか、大企業の役員とか、名字を見るだけで凄いお家と分かる同級生がたくさんいてびっくりしました。

女子部ではバレー部、大学ではスキー部に所属しました。法学科では民法の遠藤浩教授など高名な先生のゼミに入り、大学生活は充実していましたね。

卒業して外資系化粧品会社に入ったのですが、旅行好きだった縁で、旧国鉄から民営化した直後のJR東日本グループに転職します。現在のジェイアール東日本企画で、民放テレビ局の旅番組の企画を練ったのが最初の仕事です。その後JR東日本広報部に出向。女性社員が極めて少ない時代で、「女性からの視点」を期待されたようです。とはいえインターネットもない時代で、お客様からのクレーム電話対応には鍛えられました。一番印象に残るのは1990年代前半に小泉今日子さんを起用した「JRは変わる」という趣旨のキャンペーンでした。

ここまで仕事が出来たのは、女子部で培った力があってのことだと思います。女子部生は総じてコミュニケーション力が高く、相手を敬い礼儀を尽くし、かつ自分の主張をすることが自然に出来ます。出るところに出て、「わきまえる」ことを知っているからでしょう。おっとりしているようでしっかりしている。「社会の役に立ちたい」という「ノブレス・オブリージュ」の精神があるからだと思います。どこでも物おじしないのは、生徒たちのバックグラウンドが様々で、私のような庶民から皇族・旧華族の方々まりを擁する「多様性」の環境に慣れてきたことが原動力かもしれません。自分で道を切り拓く力があるのだと思います。

大手広告代理店→料理研究家→コンサルティング会社経営──岩佐文恵さん（会社社長）

（祖父は全国銀行協会会長、経団連副会長を歴任した岩佐凱実氏。幼稚園から学習院で、メーカー勤務だった父の転勤により学齢期にパリ、ロンドンで暮らす。学習院大学文学部卒業後に大手広告代理店に入社。料理研究家として独立した後、コンサルティング会社を起業）

男女雇用機会均等法の一期生です。英語ができるからと大学の英文科に進み、大手広告代理店に就職して新聞局を担当。楽しい仕事でしたが拘束時間も長く、母からは「結婚して孫を生んでほしい」という期待が大きくなるばかり。親の期待はなかなか裏切れず、結婚退職し、長男を生みました。でも長男が6歳の時に離婚。30代のシングルマザーに就職口は簡単に見つかりません。ならば起業しようと、まずはル・コルドン・ブルーに通い料理教室を開きました。経営は順調でしたが、飽き足らなくなって。

ある時、我が家のように、父親が子供のキャッチボールなど遊びの相手ができない家庭が多いことに気づき、スポーツの家庭教師を派遣する事業を起業しました。成功して大手スポーツジムに売却。その資金をもとに、富裕層を対象とするコンサルティング会社を起業しました。東京と軽井沢に拠点を持ち、ＩＴなどのマーケティング、海外企業の日本進出などを担当しています。

恵まれた出自だったことは否定できません。ただ私のチャレンジ精神は学習院女子部で培われたと思います。強くて、何事にも負けない女性を知らず知らずのうちに育てる環境と思います。例えばスポーツはテニス、バレー、バスケットボール、ダンス、水泳、ソフトボールなど一通り学び、茶道や料理、作法に裁縫の授業もありました。「たしなみ」として「やったことがない」ものが少なかったと感じます。「ごきげんよう」を日々、繰り返したなかで自然と培われたのではないでしょうか。

御歌「金剛石・水は器」に教えられたことも大きいですね。ダイヤも原石を磨かなければ光らない、よい友人を選べといった教えです。息子は学習院には行かなかったのですが、教育にはこの歌を使いました。

残念なのは、桜友会や常磐会など同窓会組織において、ビジネスの話をする雰囲気がないことでしょうか。お金を稼ぐことに触れること自体「はしたない」、という雰囲気が残っているような。桜友会には、業種ごとの集まりもあり、ネットワークを生かしたビジネスができるとよいですね。ビジネスでも「ノブレス・オブリージュ」は成立するはずです。

帰国子女として学んできた経験を仕事に生かす――日高佐和子さん（アジア・ソサエティ・ジャパン・センター事務局長）

（初等科から大学まで学習院。学習院大学文学部史学科、ロンドン・スクール・オブ・エコノミクス＆ポリティカルサイエンス卒業。複数の外資系金融機関を経て現職）

実家は平民の家系ですが、曾祖父が教育熱心な学者で、祖母や大叔母、母を学習院に進学させました。その縁で私も初等科へ。ですが商社勤務の父の米国駐在に同行することになり、籍だけ置いて現地の小学校に転校、女子中等科に入る直前で帰国して復学しました。私のような帰国子女を受け入れる柔軟な仕組みが学習院にはあり、当時の女子中等科の英語は、一般生徒とは別のクラスで独自のカリキュラムがありました。TOEFLの問題集や、外国人講師による英作文や英会話の授業などで、「せっかく身に付けた英語力を育ててあげなければ」という先生方のご配慮だったと思います。この心遣いには今も感謝しています。

もともと歴史や美術が好きで大学の史学科に進みますが当時、英国駐在だった父を追いかけて休学し、ロンドン・スクール・オブ・エコノミクスに留学しました。キャンパスは欧米、アジア、アフリカなどからの留学生が集まり、国際色ゆたか。いっぽうで英国には貴族の当主が、先祖の土地を守るために、領地に住む人たちすべてに対して責任を持つ、という世界があります。こうした多様性と伝統が重なり合う英国で、その立場にある者が、できることを最大限生かして社会に貢献することが「ノブレス・オブリージュ」であるという思いを強くしました。

帰国して学習院大学を卒業した後は「英語を使う仕事がしたい」と、外資系金融機関に入ります。そこで再び英国に渡りアートスクールを卒業、米ニューヨークのグッゲンハイム美術館で働きました。その後は、複数の外資系金融機関でマネジメント業務を担当しました。一貫して心掛けてきたのは、海外経験から、客観的に日本を見つめることでした。

アジア・ソサエティはニューヨークに本部を置く国際的な非営利団体で、1956（昭和31）年にジョン・D・ロックフェラー3世が設立しました。アジアの国々と米国の相互理解の促進を目的に芸術、教育、政策の領域で情報発信しています。東京でも「日本の伝統工芸の未来を考える」と銘打ったシンポジウムを2021（令和3）年に開催しました。いまの仕事は、英語やアート、マネジメントなど、これまでの人生経験すべてを生かした私なりの「ノブレス・オブリージュ」と考えています。


最後の3人は、男女雇用機会均等法の施行前後に社会に出た女性たちです。多くが結婚して家庭に入った世代ですが、その中でも自分の道を切り開いて活躍しています。

このようにいったん家庭に入っても、再び仕事を始める方も少なくありません。共通するのは、学習院に通えるという、世間一般より恵まれた環境を踏まえ、自分の個性と力を生かし、社会とつながり続け、貢献しようとする姿勢でしょうか。

私事ですが、筆者はとよた真帆さんと同級生で、女子中等科では同じ演劇部に所属し、一緒に文化祭の舞台に立ったことが、実は密かな「自慢」でもありました。とはいえ、彼女は当時から人目を惹く背の高い美少女で、演技の才能にもあふれ、筆者とは天と地ほども違うまぶしい存在であり、今となっては恥ずかしい限りではありますが。

第7章「ノブレス・オブリージュ」の真髄——その意味を問う

階級差別との関係

ここまで何度も「ノブレス・オブリージュ」という言葉が出てきました。終章ではこの言葉についてのさまざまな見方を見て行きます。まずは参議院議員の片山さつきさんのお話を紹介します。なぜ片山さん？と思われるかもしれませんが、実は若い頃から皇室とご縁がありました。片山さんは、東京教育大附属（現在の筑波大附属）中・高の出身で、現在の天皇陛下（当時は徳仁親王）と同じ学年で、ともに高校ではテニス部に所属、「附属戦」に参加しています。双方の校歌「桐陰会会歌」「学習院院歌」をお互いに歌い、エールを送った間柄です。

ノブレス・オブリージュという考え方は、現代においては微妙なものがあります。特定の階層、あるいは集団を「ノブレス」とすることは、ともすれば階級差別を是認することにつながるおそれがあるからです。これは民主主義的な価値観とは相いれないものがあります。人間は誰でも平等ではないか、と。

それでは皇室がどんどん「開かれた存在」となり、私たちと同じような言動をするようになることを国民が歓迎するかといえば、それも想像しがたいものがあります。

この矛盾をどう考えればいいのかを聞いてみました。

「天皇陛下と私は同学年で、テニス部に所属していました。初夏の年1回の対戦の際、目白の学習院中等科の教室をお借りして準備をしたこともあります。われわれ附属の生徒は男子もカラフルなシャツを着ていて派手でしたが、学習院の皆さんは白。浩宮さまが持たれていたラケットは、当時、はやり始めたメタルフレームではなく木枠でしたね。

秋篠宮悠仁さまが筑波大附属高校に入学されたのは、卒業生として感無量です。美智子上皇后陛下のお父様の正田英三郎氏、弟の修氏とも附属のご出身で、そんな背景もおありだったのではないでしょうか。ある程度はそろった家庭の子女が通う学校ですし、環境としては申し分ないと思います。学習院も附属も、学内での結婚比率が高いですから、両校同士のカップル誕生、ということにはならないと思いますが（笑）。

その後の悠仁さまの進路で、仮に東京大学という選択肢があるのなら、私は自分も、殆どの受験生もそうだったように、筆記試験の一般受験で入学することが筋と思います。ですが一芸入試のような推薦制度がもしあるのなら、悠仁さまは普段からさまざまに帝王学を授けられていらっしゃるはずで、そういう点が、評価に値するという考えはあり得るかもしれません。ただ国民感情として、他の受験生にも公平なチャンスを与えることは絶対条件になるでしょう。

今回の眞子さんのご結婚の経緯が広く関心を集めた背景には、日本は古い歴史のある国であり、ある種の目に見えない伝統や、その中でしか育たない文化があり、身分制は完全に廃止されても、それとは次元の異なる〝文化の継承〟は必要だと国民が改めて気が付いたということではないでしょうか」

この「文化」の核にあるものが皇室であり、ノブレス・オブリージュという価値観なのでしょう。

旧宮家当主がみる「ノブレス・オブリージュ」の変遷

香淳皇后のご実家である旧久邇宮家の当主、久邇邦昭氏の『少年皇族の見た戦争』には、明治時代の男性皇族が、軍人になることを定められた経緯が紹介されています。同書によれば、天皇家を支えるために明治維新後はあえて皇族を増やした経緯がありました。その皇族の男子は原則として陸軍か海軍のいずれかに入ることを義務付けられました。

邦昭氏も太平洋戦争の末期に江田島の海軍兵学校に入ります。皇族向けの準備教育で、一般の同期生より半年早い入校でした。

「優秀な同期生の中にあって、人格、学業、体力いずれの面においても十分これに伍してやっていける、さらには模範となるようにあらかじめ教育することを目的としたものだったと思う」「日本の海軍は英国貴族の伝統とされるノブレス・オブリージュという思想に影響されるところがあったのではないか。これは貴族は真っ先に進めという当然の考え方で、海軍では皇族出身を含めたいわゆる貴族が相当数戦死している」「私は真っ先に死ぬつもりだった」（『少年皇族の見た戦争』）

「貴族は真っ先に進め」「真っ先に死ぬ」といった考え方に抵抗がある方もいるでしょうが、ノブレス・オブリージュを端的に示す言葉とはいえるでしょう。そんな男性たちを支える役回りだったのが、戦前の学習院の女生徒であり、卒業生でした。

ですが戦後80年近くが経過し、時代も学習院も変わりました。以前との違いに、現代の若き皇族方が戸惑われているのではないか――そんな指摘を、旧伏見宮家の当主、伏見博明氏が著書『旧皇族の宗家・伏見宮家に生まれて』で述べています。

「（筆者注：戦後の学習院は）一般の方々が多くなってくると、学習院の古き良き伝統がなくなっていく面もありました」「僕らは皇室を守るという意識でいろいろなことをやってきたわけです」

「今の宮さま方、たとえば秋篠宮のお嬢さん方も公務が多いじゃないですか。たとえば赤十字に行く、養護施設に見舞いに行く、被災された方のお見舞いに行くというように。それは僕らと変わりませんが、戦前と戦後の学習院の雰囲気が違うということもあって、今のそういう宮家のお嬢さん方が一般の方と同じような考え方でいたいのに、それを貫くことも難しい。大変だと思うんですよ。でも、それは時の流れで、仕方ないですよね」

「みな同じ人間」

元毎日新聞の皇室担当記者である江森敬治氏が、親交のある秋篠宮殿下にインタビューを重ねて執筆したのが、『秋篠宮』です。オビには「皇族である前に一人の人間である」と書かれています。同書では、眞子さんが内親王として「生まれながらにして『公人』」であり、民間人となった以上、「離婚しても戻る家はない」「離婚の『自由』すら彼女にないことを、私たちは一度冷静になって考えなければならない」と指摘しています。

いっぽう江森氏は、憲法学者の奥平康弘の著書『「萬世一系」の研究』（岩波現代文庫、2017）から、「天皇・皇族は、表現の自由・学問の自由・職業選択の自由・交際の自由、その他いろんな生活局面で、市民にはあるまじき質量の不自由を強いられている」「市民一般との比較を絶するいろんな種類の特権あるいは優先的な地位が保障されていて、この人たちに課せられる不自由はそれと一対を成している」という記述を紹介。そして眞子さんの結婚を、こう論じています。

「憲法二十一、二十二、二十三条などで、これらの自由は国民に保障されている。しかし、彼女がこうした自由を十分に認められていなかったとしたら、二十四条で〈婚姻は、両性の合意のみに基いて成立し……〉と書かれてあるとしても、それをそのまま彼女に適用することは難しいと私は考える。

皇室典範十条には〈立后及び皇族男子の婚姻は、皇室会議の議を経ることを要する〉とある。皇族でも男子の結婚は、そもそも〈両性の合意のみに基いて成立〉しえないのだ」

憲法21条の「表現の自由」、22条の「移転、及び職業選択の自由」、23条の「学問の自由」、24条の「婚姻は、両性の合意のみに基いて成立」を挙げて、眞子さんの環境に同情と理解を示しています。実際の皇女の結婚は、当人たちの自由にはならない面もある、ということが江森氏の見解かもしれません。

現代的価値観とノブレス・オブリージュに代表される伝統的な文化とをどのように共存させるか。これは日本以外の国も抱えている問題です。英国のヘンリー王子とメーガン妃の結婚から王室離脱までの流れに、秋篠宮家が直面した問題との共通項を見出す人は少なくないでしょう。

加藤シヅエと相馬雪香のノブレス・オブリージュ

いっぽう、戦後に政治家として活躍した加藤シヅエと、社会活動家として活躍した相馬雪香との対談の記録が残っています。常磐会会員の立場から、ノブレス・オブリージュについて話し合っています。

加藤は実業家の娘で女子学習院を卒業して華族と結婚し、夫の影響で社会問題に関心を持ち米国に留学、再婚して戦後、日本初の女性国会議員の一人となり、衆議院、参議院と活躍します。相馬は〝憲政の神様〟尾崎行雄の三女で、聖心女子学院から女子学習院に編入、難民救済など多くの団体の要職を務めました。ともに「生粋のお嬢様」ですが、行動力のある、たくましい女性でした。

二人とも在学中の封建的な教えには強い不満を感じたようですが、一方でノブレス・オブリージュの精神は素直に受け入れていたようです。下記は抜粋です（学習院女子部で１９８０〈昭和55〉年12月対談、「ふかみどり」26号、１９８１）。

加藤「（学習院では）専ら良妻賢母として家族制度の中に巧くはまりこんで、しっかりとその中で生きていきなさいよ、と云うことのみ明けても暮れても教えて頂いていた」

相馬「でも率直に云わせて頂けば学校の先生は反面教師でいらっしゃる場合がとても多かった。（略）先生が、皆さんの将来は、あなた方が考える必要はないんですよ、ご両親がいいように決めてくださるんですから、考える必要ないなんて変なことおっしゃる。（略）女らしくならなきゃいけないっておっしゃるのは男の先生に決まっているので、私は教官室にまで行って、女らしくなんて、男の人に都合のいいような女らしい人間なんかには一切なりませんから御承知下さい、なんて、そんな馬鹿なことを云っても許されるって云う雰囲気でございましたよね」

加藤「何と云っても優秀な先生方が多くいらっしゃいました。他の学校だったら校長になられるような先生方がいっぱいおいでになって。私の時代は乃木（希典）院長に校長で下田歌子先生がいらして」

相馬「学習院では、自分たちはまあ幸せだ。けれどもそうでない人達のことを考えなきゃいけない。ご飯一つ頂くにもこのお米を作るお百姓さんたちのご苦労をお考えなさい。と云うようなことを云われました。また宮様方がいらっしゃいましたから、皇室のこととか国のこととか、知らない中に心に深くはいっていったものがあるように思います」

当時の学習院の独特な雰囲気がうかがえます。この対談では、加藤の同級生で、ほぼ同時期にタレント議員として活躍した藤原あきのことにも触れています。ノブレス・オブリージュと関連する箇所を引用してみましょう。

加藤「(藤原あきの人生は) 日本の女性が自主性を貫いて生きようとした場合の一つの歴史を綴られたような生涯 (略)。優れた才能をお持ちの方が常磐会会員にはたくさんいらっしゃる (略) 自分の才能と時間とを人のために奉仕することは、住みよい世の中をつくる事につながり、奉仕を受けた側は喜び感謝するでしょうし、自分もそこに充実した幸福を味わうものであろうと思います」

ヨーコさんと眞子さんのノブレス・オブリージュ

「ふかみどり」32号 (2005〈平成17〉年発行) では、当時の稲田和子科長 (校長) が、卒業生のインタビューに答える形で「ノブレス・オブリージュ」について語っています。

「女子学習院の教育というのはおそらく、人のために尽くすということ、世の中のために役に立つ人になるということ、精神的貴族であれ、ノーブレスオブリージという精神を体に染み込ませ、心の奥底まで溶け込ませるものだったのではないかと思います。ボランティア活動や社会福祉活動をなさっている方が本当に多いですね。また、趣味の域を超えるような素晴らしい才能を発揮している卒業生が多くいらっしゃいます。それは並大抵の努力ではできないことではないかと思います。このように自分をさらに上へと高めようとする生き方をされている方々を、私共も見習わなければならないとつくづく思います」

「本当に自分のしたいことを見つけて自分の信じる道で社会に貢献するそういう卒業生を育てたいと思っています。そのためには、自分の道は自分で切り拓く力を備える必要があります。日頃から、自分の頭でしっかり考えて、判断して、実行していくようにと申しております。自分に自信を持って前向きに生きていって欲しいと思います。自信を持つためには、たゆまぬ努力が必要でしょう。また、人間は一人では生きていけませんね。本来の意味での『情けは人のためならず』や『お互い様』という言葉が自然に発せられ、思いやりの精神ですが、行動に現れるといいですね。また、『お蔭様』という感謝の気持ちも忘れてはならないと思います」

「そして、品性です。『その時代を生きるにふさわしい知性と品性を兼ね備えた女性』に成長するように願っています。『知性と品性』は女子部の教育目標の柱でもあります」

稲田先生の一連のお話に、うなずく卒業生は多いでしょうし、前章で紹介した卒業生はこの言葉を体現した人たちとも言えます。

これまでさまざまなケースや考え方をみてきましたが、最後に私が思うのは、大先輩であるオノ・ヨーコさんの生き方です。

2022（令和4）年夏に東京で公開された「ロックン・ロール・サーカス」という、1968（昭和43）年制作のドキュメンタリー映画がありました。当時ビートルズと人気を二分したロックバンド、ローリング・ストーンズの、サーカス仕立てのライブ映像の復刻版であり、ヨーコさんが当時の恋人で後に結婚するビートルズのジョン・レノンと出演しています。

その中で、ヨーコさんがひたすら叫ぶだけ、といっていい演目があります。バックバンドはジョンと、ストーンズのキース・リチャーズ、そしてエリック・クラプトンという錚々たるメンバーです。この3人が同じステージに立つことそのものが奇跡に近い出来事です。ストーンズがジョンに出演を打診、その見返りにジョンが、ヨーコさんの出演を了解させたのでしょう。仮に他のアーティストがひたすら叫ぶだけのステージを企画したら、果たしてこの3人はバックを務めたでしょうか。

ヨーコさんは70年代前半に、ビートルズが立ち上げたレコードレーベル「アップル」から「無限の大宇宙」（1973）など複数の実験的なアルバムを発表しています。こちらもジョンの存在なくしては発表できなかったと思われます。すでに前衛芸術家として一定の評価があったヨーコさんですが、音楽に関しては、ヨーコさんを高く評価していたジョンの「七光り」を最大限に活用したように見えてしまいます。実際、商業ベースで大きな成功を収めたとは言えません。

もともと財閥の流れをくむ名門の家に生まれ、戦前から米国で生活していた帰国子女、という恵まれた立場に加え、出会ったジョン・レノンの力を最大限、活用してきたヨーコさん。ここまでだったらお金持ちのお嬢さんの「道楽」で終っていたかもしれません。

ですがヨーコさんの凄いところは、その立場を最大限、生かして活動を平和運動に昇華させたところではないでしょうか。1980（昭和55）年のジョンの没後は、彼のレガシーを守る思いもあったでしょうが、その精力的な活動は、もはや「元ビートルズのジョン・レノンの妻」という枕詞が不要なくらい広がり、高く評価されています。

恵まれた立場を生かし、努力で何かをつかみとり、社会に貢献する。前向きに人生を生きる。ヨーコさんの人生は、学習院女子部での教えをもベースに築いた「ノブレス・オブリージュ」そのものではなかったかと筆者は感じます。

ヨーコさんと同じニューヨークで暮らす眞子さん。眞子さんには、もちろん幸せな人生を送る権利がありますが、普通ではない環境に支えられている立場を理解し、周囲への感謝の念は忘れず、自重もしてほしい。そしてご自身の才能を、社会に役立てていただきたいと筆者は考えます。ヨーコさんと同じように、努力で何かをつかみとり、社会に貢献する女性になってほしい、僭越ながら同じ学習院女子部に籍を置いた者として、そう願っています。

あとがき

本書で筆者には、歴史的にも稀有な存在の母校の魅力を、「ノブレス・オブリージュ」をキーワードに深掘りしたいという目的がありました。執筆の直接のきっかけは、2021（令和3）年9月、秋篠宮眞子さま（当時）ご結婚に際してプレジデント・オンラインに寄稿した、「『やはり天皇家と秋篠宮家ではまったく違う』眞子さまの駆け落ち婚に学習院ＯＧが抱く違和感」という記事です。学習院女子部ＯＧとして、また米コロンビア・ビジネススクールに客員研究員として在籍し、ニューヨークの事情を多少なりとも知る立場からの所感です。配信直後から予想をはるかに上回る反響がありました。

友人・知人、家族を通じ、さまざまな世代の学習院関係者からもいろいろな意見が寄せられました。「よくぞ書いてくれた」「私の気持ちを代弁してくれた」という声が大多数を占めました。ですが、ほぼ全てが匿名でした。その後に本書に関する取材を依頼しても、お断りの返事を頂戴するのが常でした。並行して、学習院の広報部に、女子中・高等科を始めとする各校の先生方に正式な取材をお願いしました。ですがこちらもお断りの返事を頂戴しました。はっきりした理由はお示し頂けなかったと思います。

関係者の皆様の雰囲気を総合すると、言いたいことはたくさんある、でも表立っては言えない、だから裏で愚痴って溜飲を下げる――そんなところでしょうか。秋篠宮家を含む皇室の行く末を真に案じるのであれば、旧皇族や旧華族、あるいは学習院の皆様がはっきり意見を申し上げるべきだと僭越ながら感じますが、それが機能しているようには失礼ながら見受けられません。かつて「ご意見番」のような存在だった貞明皇后、宮内大臣の牧野伸顕のような、水面下の交渉力に長けた人材が不在なのかもしれません。

お断りの返事を下さった皆様方は、発言が公になるリスクを懸念されたと推察されます。学習院と皇室に深い縁があるために、遠慮されたこともあるのでしょう。その「自制」も一つの学習院らしさ、桜友会らしさではあります。「奥ゆかしく、PRしたいのだけれど宣伝が下手」「宣伝して頂く機会を待っている」と、学習院大学のある教授が、桜友会の会合で自嘲しておられましたが、確かにそんな傾向が、なきにしもあらずです。

ただ、「これが慶應の三田会だったら、早稲田の稲門会だったら、あるいはご協力いただけたのではないだろうか」と感じずにはいられません。

いっぽう実名、匿名を問わず快く協力して下さった方々も沢山あります。そんな皆様からは貴重な「本音」を聞くことができました。そうしたお話を紡ぎ、各種資料からひもといた本書は、〝非公式版「学習院女子」物語〟でもあるのです。

筆者は曾祖父から四代目を数える学習院の出身です。明治時代に生まれた曾祖父は軍人で、旧制学習院中等科を出て陸軍士官学校に進み、東京帝国大学を卒業して奉職。大正時代に生まれた祖母は女子学習院を卒業、都内の広大な屋敷で「『乳母日傘《おんばひがさ》』で大事に育てられ、お付きの人と人力車で学校に通っていた」という話を母が聞いています。母は戦後に学習院女子中・高等科を卒業。母方の親族のほとんどは学習院の出身で、筆者も自然と進学することになりました（祖母の実家はその後、紆余曲折あって家屋は手放しています）。

学習院では、女子部で私の2年下に紀宮清子内親王殿下（黒田清子さん）、政治学科の2年上に礼宮文仁親王殿下（秋篠宮殿下）がいらっしゃいました。浩宮徳仁親王殿下（現在の天皇陛下）も目白のキャンパスでよく、お見掛けしました。

こうした宮様方を最初にお見掛けした際は、警備の方々がつかず離れず寄り添う様子に驚いたものでした。ですが、宮様方がごく自然に振舞われている様子を見るにつけ、次第に普通の「風景」となっていきました。

皇室を取り巻く報道については、30年近く全国紙で主に経済記者を務め、その後は広報やPR、危機管理やリスクマネジメントなどメディア関係のコンサルティングにも携わっている筆者からすれば、大変奇異に映ります。

眞子さんの結婚会見を含め、宮内庁の対応は全て後手に回っており、マネジメントの欠如を感じさせます。危機管理における広報の鉄則は、トップと広報の現場が意思の疎通を密にし、世間の反応を予見して一緒に対応することです。とはいえ、残念ながら一般企業においても「広報に耳を貸さない経営陣」は存在します。各省庁が選りすぐりの人材を送っているはずの宮内庁ではありますが、どうして残念な企業と似たように見えてしまうのか。何か見えない力が働き、まずいことはなかったことにして、やり過ごす、世間が忘れるのを待つ。そんな最近の日本社会が皇室報道にも透けて見えるようです。

さらに皇室の皆様方のご活躍を、積極的に情報発信することも必要ではないでしょうか。例えば「ふかみどり」に紹介されている三笠宮彬子女王の、大学教員としてのご指導ぶりを、宮内庁は積極的に広報してきたでしょうか。英国王室も活用するＳＮＳを駆使した前向きな戦略があれば、国民と皇室の間の距離も縮まるはずです。

秋篠宮殿下は、２０２２（令和４）年11月に行われた会見で、皇室の情報発信について「正確な情報をタイムリーに出していくことが必要」、その情報が「どこにあるのかが分かることも大事」との考えを、海外の王室がウェブサイトやＳＮＳを活用していることとあわせて示されています。

そして「皇室が今後どうあるべきか」も、誰もが自由に議論できる雰囲気が醸成されるようになってほしいものです。眞子さんが、そうした議論を「誹謗中傷」の言葉で封じてしまった感はぬぐい切れません。天皇や皇后の研究を通じて皇室問題にも詳しい、放送大学の原武史教授は自身のツイッターで「批判することや違う意見を表明することと、否定することや誹謗することの違いを、学校教育の現場で早くからきちんと教えないといけないような気がしてきた」（２０２１〈令和３〉年11月４日）と書いています。誰もが同じフィールドに立ち、自由な議論をし、競争しながら力を発揮し社会に貢献できる、そんな世の中になってほしいと、メディアに長く在籍した者として切に願います。

本書の執筆にあたっては、多くの皆様方のお世話になりました。特に明治時代の「ふかみどり」など、貴重な資料を長い期間に渡り閲覧させて頂いた学習院女子部常磐会の事務局の皆様、学習院アーカイブズの桑尾光太郎さん、下田歌子関連の資料を紹介頂いた実践女子大学香雪記念資料館には深く感謝を申し上げます。宮内庁宮務課には三笠宮家、高円宮家へのご連絡に関するお骨折りを頂きました。放送大学の原武史教授には、本書の根幹となる示唆を頂きました。ほか名前を出しての取材をお受け頂いた皆様、匿名で話を聞かせて頂いた皆様、そして3年にも渡った執筆を、辛抱強く支えて頂いた新潮社の皆様にも深くお礼を申し上げます。ありがとうございました。

主な参考文献

書籍

・『学習院女学部一覧』（学習院女学部、国立国会図書館デジタルコレクション、1912）
・『女子学習院五十年史』（女子学習院編、国立国会図書館デジタルコレクション、1935）
・『学習院百年史』全三編（学習院百年史編纂委員会編、学習院、1981〜1987）
・『学習院女子中・高等科100年史』（学習院女子中等科・高等科編、1985）
・『学習院女子中等科女子高等科125年史』（学習院女子中等科女子高等科編、2010）
・『常磐会創立百年年表』（常磐会、1995）
・『学習院』（浅見雅男、文春新書、2015）
・『闘う皇族　ある宮家の三代』（浅見雅男、角川文庫、2021）
・『華族たちの近代』（浅見雅男、NTT出版、1999）
・『昭和天皇実録　第四』（宮内庁編修、東京書籍、2015）
・『「昭和天皇実録」を読む』（原武史、岩波新書、2015）
・『少年皇族の見た戦争　宮家に生まれ一市民として生きた我が生涯』（久邇邦昭、PHP研究所、2015）

・『旧皇族の宗家・伏見宮家に生まれて　伏見博明オーラルヒストリー』（伏見博明著、古川江里子・小宮京編、中央公論新社、2022）
・『秋篠宮』（江森敬治、小学館、2022）
・『ある華族の昭和史　上流社会の明暗を見た女の記録』（酒井美意子、主婦と生活社、1982）
・『銀のボンボニエール　親王の妃として』（秩父宮妃勢津子、講談社＋α文庫、1994）
・『「萬世一系」の研究　「皇室典範的なるもの」への視座』（奥平康弘、岩波現代文庫、2017）
・『下田歌子と近代日本　良妻賢母論と女子教育の創出』（実践女子大学下田歌子記念女性総合研究所研究叢書1、勁草書房、広井多鶴子編著、2021）
・『華族女学校教師の見た明治日本の内側』（アリス・ベーコン著、久野明子訳、中央公論社、1994）
・『皇族　天皇家の近現代史』（小田部雄次、中公新書、2009）
・『新劇女優』（東山千栄子、学風書院、1958）
・『遠いうた　七十五年覚え書』（徳川元子、講談社、1983）

論文

・「華族女学校をめぐる政治―華族女学校の学習院への併合と下田歌子の辞任を中心に―」（加藤靖子、大学史研究28号、2019）
・「昭憲皇太后と華族女学校―設立及び改革に果たした皇太后の役割を中心に―」（真辺美佐、書陵部紀

要58号、2006）
・「昭憲皇太后の教育奨励に関する再検討」（真辺美佐、明治聖徳記念学会紀要50号、2013）
・「昭憲皇太后が東京女子高等師範学校に遺したもの」（奥田環、明治聖徳記念学会紀要50号、2013）
・「実践躬行―下田歌子　女子教育への道―」（大関啓子、明治聖徳記念学会紀要50号、2013）
・「昭憲皇太后と津田梅子―華族女学校での接点を中心に―」（髙橋裕子、明治聖徳記念学会紀要50号、2013）
・「華族女学校における体育・スポーツ教育の先駆的展開と下田歌子」（荒井啓子、前掲『下田歌子と近代日本』）

資料

・実践女子大学香雪記念資料館「第21回　学祖・下田歌子展―華族女学校創設と欧米教育視察―」パンフレット
・「学習院桜友会設立100周年記念　次の100年へつなぐメッセージ　前へ。次へ。その先へ。」（学習院桜友会編、2022）
・「学習院アーカイブズ　ニューズレター」（学習院アーカイブズ、各号）
・「学習院大学史料館　ミュージアム・レター」（学習院大学史料館、各号）
・「G.LiFE　学習院広報」（学習院総合企画部広報課、各号）

・「女子部だより」（学習院女子中・高等科、各号）
・「常磐会たより」（常磐会、各号）
・「おたより」（女子学習院、各号）
・「ふかみどり」（常磐会、各号）
・「はなすみれ」（学習院女子中等科・高等科、各号）

サイト

・学校法人学習院　https://www.gakushuin.ac.jp/
・学習院大学史料館　https://www.gakushuin.ac.jp/univ/ua/
・学習院女子中・高等科　https://www.gakushuin.ac.jp/girl/
・明治神宮　https://www.meijijingu.or.jp/
・宝塚音楽学校　http://www.tms.ac.jp/
・綺陽装束研究所　http://www.kariginu.jp/
・トンボ学生服　https://www.tombow.gr.jp/

報道記事

・「名門高校の校風と人脈　第１９９回　学習院女子高等科」（週刊エコノミスト、２０１６年7月12日号）

・「問われる宮内庁の情報発信　ＨＰの強化など提言も」（産経ニュース、２０２１年12月30日付）
https://www.sankei.com/article/20211230-VHXELY2ZC5PRFI7KOSTCRZHFK4/
・「『やはり天皇家と秋篠宮家ではまったく違う』眞子さまの駆け落ち婚に学習院ＯＧが抱く違和感」（プレジデントオンライン、２０２１年９月７日付）https://president.jp/articles/-/54590
＊ほか朝日新聞、読売新聞などの明治時代以降の記事を参考にした

・本文中写真

時事（ｐ34）、国立国会図書館「近代日本人の肖像」（https://www.ndl.go.jp/portrait/）（ｐ74、ｐ75、ｐ84、ｐ１１０）、著者（ｐ45、ｐ１３１、ｐ１６２）

藤澤志穂子　昭和女子大学現代ビジネス研究所研究員。学習院大学法学部卒。1992年産経新聞社入社、米コロンビア・ビジネススクール客員研究員等を経て2019年退社。著書に『出世と肩書』など。

Ⓢ新潮新書

1001

学習《がくしゅう》院女子《いんじょし》と皇室《こうしつ》

著　者　藤澤志穂子《ふじさわしほこ》

2023年６月20日　発行

発行者　佐　藤　隆　信

発行所　株式会社 新潮社

〒162-8711　東京都新宿区矢来町71番地
編集部(03)3266-5430　読者係(03)3266-5111
https://www.shinchosha.co.jp
装幀　新潮社装幀室

印刷所　錦明印刷株式会社

製本所　錦明印刷株式会社

ISBN978-4-10-611001-6　C0237

価格はカバーに表示してあります。